어쩌다 부모

본문 일러스트 **이하은**

이야기에 상상을 더하는 젊은 창작자. 일러스트, 북디자인, 사진 등으로 나눔의 손길을 전한다.
현재 개인 SNS를 운영하며 멀티 콘텐츠 〈하티의 하루〉를 통해 생각과 일상을 다양하게 나누는
즐거움을 실천하고 있다.

어쩌다 부모

성장 원리로 풀어쓴 좌충우돌 홈스쿨 모험기

©마상욱

초판 1쇄 인쇄 | 2021년 09월 02일
초판 1쇄 발행 | 2021년 09월 09일

지은이 | 마상욱
펴낸이 | 이진호
편집 | 강혜미, 권지연
본문 일러스트 | 이하은
디자인 | 트리니티

펴낸곳 | 비비투(VIVI2)
주소 | 서울시 중구 수표로2길9 예림빌딩 402호
전화 | 대표 (02)517-2045
팩스 | (02)517-5125(주문)

이메일 | atfeel@hanmail.net
홈페이지 | https//blog.naver.com/feelwithcom
페이스북 | https://www.facebook.com/publisherjoy

출판등록 | 2006년 7월 8일

ISBN 979-11-89303-62-4(03370)

성장 원리로 풀어쓴 좌충우돌 홈스쿨 모험기

어쩌다 부모

마상욱 지음

VIVI2

어쩌다 부모,
청소년 지도자 부부 성장 스토리

어쩌다 부모? 의아했다. 왜 이런 제목일까? 곧 뭔가 다르다는 것을 깨닫기 시작했다. 4차 산업 혁명 한복판의 자녀들, 디지털 원주민이라고 일컫는 우리 아이들을 어떻게 키울지 고민하는 부모들과 공감하며 함께하고 있었다.

청소년지도학 박사가 아니라 역기능 가정의 아들이자 2남 1녀 아버지로서, 또 청소년 사역자의 진솔한 현장 경험을 논리가 아닌 이야기로 지혜를 전하고 있다. 이 시대의 자녀 양육 나침반이다. 자녀에게 좋은 정원사가 되는 부모 지침서, 지치고 좌절하고 있는 부모에게 위로 상담서이다. 이 땅의 아버지, 어머니, 예비 부모에게 일독을 권한다.

김성묵 두란노아버지학교 대표

『어쩌다 부모』는 저자의 교육 철학이 담긴 홈스쿨 모험기입니다. 학습 결과가 아닌 성장을 목표로 과정을 중요시하며 자녀와 제자들을 이끌어 왔던 청소년 지도자 마상욱 교수님에게 박수를 보냅니다. 코로나 시대 학령기의 모든 학생에게 홈스쿨 또는 자기주도학습을 위한 매우 유용한 책입니다. 학부모들이 꼭 알아야 할 양육의 지혜와 함께 부모로서 경험한 부모 성장기이기도 합니다. 이 책을 자녀 양육에 애쓰는 부모님들에게 추천합니다.

이유남 교장, 『엄마 반성문』 저자

저자는 우리 부모들이 자녀 교육을 해 오면서 경험했던 좌절과 아픔을 깊이 공감해 줍니다. 자신의 에피소드를 포함한 다양한 이야기를 통해 우리 부모들의 마음을 다독여 줍니다. 저자의 공감과 다독임이 깊은 치유의 능력을 발휘합니다. 좀 더 나은 부모가 되기 위해 일상 속에서 분투하는 모든 부모에게 적극적으로 일독을 권면합니다. 이 책을 손에 들고 읽기 시작하는 그 순간이 놀라운 변화의 시작이 될 것입니다.

정성욱 덴버신학대학원 교수, MMFC 본부이사

청소년 지도자 부부가 부모로서 홈스쿨과 공교육을 통해 세 아이를 양육한 스토리이다. 자녀 성장을 위한 부모의 정체성을 찾아가는 저자 교육관을 모두가 공유했으면 좋겠다. 자녀에게 공감과 지지, 격려하는 자리가 부모라는 점을 보여주며 지혜와 성찰을 주는 책이다.

정남환 호서대학교 청소년상담학과 교수

우리 일생은 처음 조우하는 일들의 연속입니다. 그래서 주변 사람들을 따라하면서 때로는 실수를 그대로 반복하기도 하고, 교육 이론만 무작정 따라하다가 제대로 해법을 찾지 못해서 힘들어합니다. 이 책은 세 자녀를 홈스쿨하면서 경험한 다양한 성장 스토리를 성장 이론과 함께 풀어쓴 선물 같은 책입니다. 청소년 지도자이자 교수, 학자로서 무장한 저자 역시 자녀 양육에서 낭패를 경험하기도 했다고 고백합니다.

부모는 완성된 존재가 아니라 성숙해 가는 존재라는 점을 기억하기 바랍니다. 부모로서 성장하며, 자녀들을 올바른 인격으로 세워 가는 놀라운 역사들이 이 책을 통하여 이루어지기를 기대합니다. 아, 이 책을 좀 더 먼저 읽었어야 했습니다.

김현철 행복나눔교회 담임목사, 『메타버스 교회학교』 저자

우리가 살아가는 동안 가장 먼저 영향을 받는 존재는 부모입니다. 부모와의 첫 만남을 어떻게 경험하느냐가 전 생애에 영향을 줍니다. 그래서 '어쩌다 부모'라는 한마디는 많은 부모에게 큰 울림을 주기에 충분할 것입니다.

십대지기에서 청소년 사역 21년째를 맞이하기까지 수많은 자녀 문

제 상담 요청이 있었으나 짧은 시간 한두 차례 상담으로 해결할 수 없어서 늘 아쉬웠습니다. 이제 저자의 섬세하고 구체적인 지도 방법으로 학교 밖 아이들에 대해 다양한 생애 교육을 제시할 수 있게 되었습니다. 사랑하는 자녀를 둔 모든 부모님에게 이 책을 적극 추천합니다.

박현동 사단법인 십대지기 대표

부모가 그렇게 관심을 가지고 애정을 쏟아도 아이가 커 갈수록 어떻게 양육해야 할지 어려울 때가 많습니다. 아이의 태도와 언어를 이해할 수 없어 답답하기도 합니다. 상담이라도 받아 보고 싶지만 선뜻 내키지 않습니다. 이 책은 그러한 부모에게 힘이 되는 책입니다.

저자는 어쩌다 부모가 되었으니 자책하지 말라고 위로를 건넵니다. 자녀의 심리적 문제를 학문적인 접근이 아니라 이야기를 통해 누구나 읽기 쉽게 풀어 갑니다. 정형화된 가르침도 "맞아! 맞아!" 하면서 누구나 실천하도록 돕고 있어서 더욱 이 책이 돋보입니다. 부모가 될 그리고 부모 된 모든 사람에게 일독을 권합니다.

민상기 MMFC 한국공동대표

차 례

저도 아버지가 처음입니다만

누구나 유사한 과정을 통해 아버지가 되고 어머니가 된다. 양육은 자연스럽고 당연한 일이다. 그러나 다양한 삶의 방식과 양육의 가치를 어디에 두는가에 따라 가정이 이런 모습, 저런 모습으로 보여질 것이다.

수많은 정보로 인해 간혹 자책하는 부모를 만난다. '어쩌다 부모'가 되었다고 하지만 내 아이가 살아가는 세상을 같이 바라볼 수 있다면 충분하다. 자책하지 않기를 바란다. 부모로서 아이를 돌보며 살아가는 것만으로 좋은 부모이다. 이 책을 읽는 부모라면 더 좋은 부모일 것이다.

자녀 양육서는 자녀를 어떻게 키워야 할지 대단한 조언들이 넘쳐

난다. 그러나 누군가의 성공 케이스나 교육학자의 훌륭한 이론이 우리 아이에게 그대로 적용되지 않을 뿐더러 그다지 도움이 되지 않을 수 있다. 오히려 자녀 양육 성공담을 읽다가 좌절을 경험하기도 한다. 마치 자녀를 잘 키우려면 먼저 부모가 남다른 카리스마와 교육 철학으로 똘똘 뭉쳐 있어야 할 것처럼 만든다. 과연 자녀 양육의 표준화가 가능한가?

우리 사회는 어머니의 양육 태도를 유형화하여 무슨 무슨 '~맘'이라고 부른다. '2등은 꼴찌나 다름없다. 1등을 하라'고 다그친 미국 예일대 로스쿨 교수가 '타이거 맘(Tiger Mother)'이라 불리며 논란의 중심에 서기도 했다. 자녀와 잘 놀아 준다고 하여 '돌고래 맘', 자녀에게 엄한 엄마는 '라이언 맘', 철저히 감시하는 '헬리콥터 맘' 등 신조어가 시대를 반영하듯 여러 유형의 양육 태도를 빗대고 있다. 그밖에도 부모를 지칭하는 신조어는 알파맘, 베타맘, 빗자루맘 등이 있고, 어떻게 양육했는지를 말해 주는 청년 세대는 캥거루족, 자라족, 트윅스터족 등으로 표현하고 있다.

이러한 현상에서 보듯이 먼저 우리 사회의 자녀 교육은 아버지보다 어머니가 더 많은 역할을 맡고 있다. X세대를 지나 Y세대가 부모로 등장하면서 부모의 역할이 변화하고 있으나 교육은 여전히 여성의 영역으로 간주하고 있다는 의미이다.

또한 양육 태도만으로 부모의 정도를 구별할 수 있는가. 이는 회의적이다. 부모와 자녀는 한쪽의 양육 태도만으로 관계가 만들어지지 않으며 상호적이다. 다자녀 가정이라면 상호 작용의 의미를 공감할 것이다. 부모의 양육 태도가 아이마다 대부분 동일한데도 첫째 아이와는 좋은 관계이나 둘째와의 관계는 예기치 못한 심각한 문제가 나타나기도 한다.

관계에서 상호적이라는 것은 상황마다 다르게 나타난다는 의미를 포함한다. 이 책에서는 부모의 역할을 규정하려고 하지 않을 것이다. 가능하면 최소화하고 지양하려고 한다. '삶은 정답이 없다'라고 생각한다. 살아가는 사회적 토양과 기후에 따라 다양한 형태의 이야기가 존재하지 않는가. 따라서 교육에 대해 이론(Theory)이 아니라 이야기(Story)를 중심으로 풀어냈다.

이 세상의 이론들은 탄생과 번영 그리고 소멸의 과정을 겪는다. 사상(이데올로기) 역시 그러하고, 더구나 갈수록 어떤 교육 이론이 정립되어 발표되더라도 새로운 이론이 등장하곤 해서 새 이론의 소멸 주기가 짧아지고 있다. 우리의 교육 분야 역시 그 주기가 빨라지고 있다. 왜 그럴까?

지난 해, 전 인류를 불안과 공포로 빠뜨리기 시작한 팬데믹은 사회·문화적으로 많은 것을 바꾸어 놓았다. 교육의 영역도 새로운 경험을 하고 있다. 학교를 가지 못하는 아이들은 온라인 비대면 수업에 적응해야 했는데, 미래학자들이 이야기하던 20년 후의 미래가 단 몇 개월 만에 현실이 되고 말았던 것이다. 아무리 온오프믹스 시대라고 해도 디지털 원주민이라고 불리던 아이들은 더 많은 시간을 사이버 세계에 머무를 수밖에 없다. 이로 인해 여러 가지 부정적인 면과 긍정적인 부분을 만들어 내고 있다.

부정적인 면은 비대면 교육의 폐해인데 사이버 중독, 게임 중독, 스마트폰 중독에 무방비로 노출되었다는 점이다. 부정적인 환경에 노출되면서 사이버 세계가 갖고 있는 익명성, 평등성 등이 혼돈과 장해로 등장했다.

긍정적인 면은 학생들 간의 집단 따돌림이 현저히 감소되었고, 자신을 위한 시간을 더 많이 가지게 되면서 다양한 활동 기회를 열어 갈 수 있었다. 학교 현장의 집단적이고 규격화된 교육에서 벗어나면서 정형화되고 패턴화되었던 자녀 교육에 변화를 가져왔다.

특히 팬데믹은 전 세계의 모든 학생에게 '홈스쿨'을 경험하게 했다고 해도 과언이 아니다. 가정에서 온라인 수업을 통해 스스로 학습을 해야 했으며, 또래 아이들과의 교감의 시간은 현격히 줄었으나 집에 머무르는 시간이 늘 수밖에 없었다. 맞벌이 부부도 어쩔 수 없이 아이와 함께 있는 시간이 많아질 수밖에 없다.

그러다 보니 부모의 교육 역량과 지역 사회의 교육적 생태계가 자녀에게 더 큰 영향을 미치고 있다. 부모와 지역 사회의 다양한 지원을 받는 청소년과 그렇지 않은 청소년들 사이에 격차가 심각하게 벌어지고, 가정의 교육 역량이 다양하게 요구되는 시대이다. 학교에 있으면서 많은 것이 이루어지던 시대가 지나가고 있다. 결과적으로 가정 환경이 어떠한지에 따라 자녀와 부모의 관계가 성장기 발달에 일차적인 요인이 된 것이다.

이 책은 청소년 지도자인 우리 부부가 세 자녀 성장 발달과 함께 청소년들의 현장에서 알게 된 양육 팁을 중심으로 소개하려고 한다. 후반부에는 미래 교육 가치관을 조금 더 이해하기 쉽도록 이론과 실제를 균형있게 풀어내고자 했다. 끝으로 부모가 할 수 있는 자녀 양육의 유익한 방법을 소개한다.

우리 가정 이야기가 몇몇 양육 사례 중에 하나로서 읽히기도 하겠지만 이러한 이야기들이 하나 하나 모여 양육과 교육의 큰 흐름이 되기를 기대한다. 어떤 이야기는 부모들의 공감이 커지고 영향력이 강해져 세상을 바꾸기도 할 것이다. 우리의 작은 이야기에 담겨 있는 경험, 철학, 해석을 공유하면서 미래 교육을 꿈꾸기를 바란다.

저자 마상욱

PART 1

괜찮아,
우리 잘못이 아니야

그 누구도 부모 노릇에서 전문가일 수 없습니다. 우리는 모두 처음이기 때문입니다. 한 자녀 가정이라고 해도 성장기의 새로운 모습을 보면서 감동하고 놀랄 것입니다. 더구나 아이가 셋인 우리집은 매일 새로운 일의 연속이었습니다. 아이마다 성격이며 취향이 다 다르니 우리 부부는 언제나 초보일 수밖에 없었지요. 혹시 지난 시간을 돌이켜보면서 서툰 부모였다고 자책하지 말았으면 합니다.

누구나 그럴 것입니다. 경력자가 될 수 없는 부모는 문제가 주어질 때마다 최선을 다하는 수밖에 없었습니다. 설령 아이에게 실수했더라도 사과할 수 있다면 아이는 부모의 실수를 통해 긍정적인 배움을 얻으며 성장할 것입니다. 부모 자신이 초보라고 인정하면서 아이의 요구 사항에 그때그때 반응하고 공감하는 부모라면 괜찮습니다.

좋은 가르침은 말로 하는 것이 아니라 보여주는 것이라고 했습니다. 아이와의 관계에서 일상이 부모의 정체성입니다. 아무래도 아이는 부모의 말씨, 습관, 태도, 마음가짐을 닮기 마련이니까요. 건강한 자아 형성은 모범 답안에 있는 것이 아니라 실수와 반성을 거듭하면서 성장할 때 가능할 것입니다.

자녀들이 잘못을 저지르고도 반성하기보다 부모에게 반감을 드러내는 경험도 했을 것입니다. 성장기가 지나면 부모 역할에 보람을 느끼기도 하고, 자녀가 뜻밖에 어려움을 겪을 때는 문제의 원인이 자신에게 있다고 자책하며 부모 노릇을 후회하게 됩니다. 그럴 때마다 자신에게 괜찮다고 격려하세요. 우리는 태어나면서부터 부모가 아니고, 아이의 성장기마다 초보일 수밖에 없습니다. 양육하는 부모 역시 아이와 함께 성장기에 있으니까요.

01

초보일 수밖에 없습니다

자녀 교육의 핵심은 지식을 넓히는 것이 아니라
자존감을 높이는 데 있다.
- 레프 톨스토이

인생은 누구나 초보에서 시작합니다. 어떤 일이든 익숙하지 않다고 자책하지 마세요. 육아도 마찬가지입니다. 누구나 부모가 되는 것은 초보일 수밖에 없습니다. 초보인 부모들에게 SNS와 방송 매체 그리고 엄마들의 모임을 통해 무수한 교육 이론이 전해집니다. 소위 전문가라고 말하는 이들이 주장하는 여러 가지 이야기가 부모들을 혼란스럽게 만들지요.

전 세계 어디든 교육 이론이 만들어지고 유명세를 타면 우리나라에 들어오기까지 6개월이 채 걸리지 않습니다. 이어서 학계와 방송계, 사교육 시장에서도 유행처럼 번지게 됩니다. 공교육에도 어설프게 새로운 교육 내용이 들어가기도 합니다. 그 후에 몇 년이 되지 않아 새

17

로운 이론이 또 들어오며 똑같은 과정을 겪습니다. 교육 부분에 있어서 우리나라는 항상 새로운 것으로 가득 차 있다고 할 수 있습니다. 이 부분이 초보 부모들을 더욱 힘들게 합니다.

우리나라는 30년 전만 해도 교육보다 훈육에 가까운 교육 방법론이 주류를 이루었습니다. 그러나 최근에 교육의 내용뿐만 아니라 방법론도 새로운 이론과 실제를 찾고 있습니다. 더 이상 주입식 교육을 하지 말고 개인의 특성에 맞는 차별화된 교육을 하자고 합니다.

조금 더 나아가 교육의 주체는 이제 부모가 아니라 학습자 즉 아동 또는 청소년이라고도 말합니다. 이렇듯 계속해서 이론과 실행 방법이 바뀌는 가운데 가장 느리게 변화하고 있는 곳이 바로 학교입니다.

청소년 자녀와 함께 있을 때 평안하신지요? 그렇지 않다는 분이 대다수였습니다. 사회의 변화가 반복되면 당연히 교육 현장도 혼란을 겪습니다. 학교 외에 가정에서 교육을 제공해야 하는 부모 역시 혼란스럽기는 마찬가지입니다. 초보인 부모에게 변화무쌍한 교육 이론을 계속적으로 알려 주는 것은 마치 눈을 감고 코끼리 다리를 만지게 하는 것과 같은 일입니다. 서구에서 들어온 이론과 방법론은 서양의 역사적, 사회적 배경과 환경이 만들어 낸 것입니다.

사회가 가지고 있는 특수한 문화와 정치, 경제, 종교 등이 복합되어 오랜 고민 끝에 교육 이론이 탄생합니다. 그러나 우리가 그러한 이론들을 받아들일 때 그들만의 특수한 배경이나 삶의 맥락과 관계없이 모양만 가져오게 됩니다. 그저 교육 소비자인 부모들의 반응이 좋은 쪽으로 공급하는 방식입니다.

누구나 초보 시절이 있습니다. 시간이 지나면서 익숙해지고 서서히 전문적인 기술을 익히게 됩니다. 그러나 부모는 언제나 초보일 수밖에 없습니다. 아이를 여러 명 키워도 모두에게 능숙한 부모가 될 수 없습니다.

세 자녀를 키우면서 갖게 된 유일한 능력은 기다릴 줄 아는 여유였습니다. 초보일 때는 몸이 경직되고 힘이 들어갔지만 셋째부터는 조금 더 여유가 생겨 첫째와 둘째보다 자유롭게 키우고 있습니다. 여유가 있다는 말을 오해하면 안 됩니다. 여유가 있다고 해서 모든 것을 잘 해결할 수 있는 것은 아닙니다.

자녀 교육은 끝나지 않는 도전입니다. 두 아이를 홈스쿨링으로 교육시키고, 늦둥이 막내 역시 홈스쿨링이 현재 진행형입니다. 그런데 누나와 형의 성장 과정과는 조금 다른 셋째를 보며 아내의 마음이 조급했던지 때때로 서두르는 모습을 보였습니다.

그래서였을까요? 아이는 최근까지 손톱을 물어뜯는 틱 증상을 보이기도 했습니다. 마른 체형인 데다가 알레르기 체질에게서 흔히 나타나는 아토피에 비염까지 있어 안타까웠습니다. 성장기임에도 쑥쑥 크지 않는 아이를 보면서 마음이 어려웠습니다. 현재 우리 부부는 셋째를 통해 또 다른 좌절과 희망을 경험하고 있습니다. 막내에게 우리는 또 초보 부모일 뿐입니다.

교육학을 전문적으로 공부하고, 심리학을 통달했다고 해도 자녀

부모는 언제나 초보일 수밖에 없습니다.
도움이 필요하고 배워야 한다는 사실을 깨달아야 합니다.

를 키울 때는 전문가가 될 수 없습니다. 물론 전문성 있고 이론적인 내용은 잘 알고 있지만 시행착오를 겪을 때는 급한 마음에 일찍이 경험한 대로 따라 하게 됩니다. 그러고 나면 부모 역할을 했다는 생각이 들곤 합니다. 우리네 부모 세대도 자식 사랑하는 마음이야 같았겠지만 조금 더 나은 부모일 거라는 인식 때문입니다.

그렇다고 교육 이론이나 철학 무용론을 주장하는 것은 아닙니다. 어떤 교육 이론도 자녀 양육의 상황에 그대로 적용되기란 힘들다는 의미입니다.

우리는 부모로 태어나지 않았습니다. 어쩌다 부모가 된 것입니다. 그래서 초보일 수밖에 없다는 것을 인정해야 합니다. 도움이 필요하고 배워야 한다는 사실을 깨달아야 합니다. 수많은 교육 이론의 구성이 아니라 삶의 실천 현장으로 가져갈 원리를 알아야 하며, 현장에서 사용할 수 있도록 노력해야 합니다.

이 책은 여러분보다 조금 일찍 세 자녀의 성장 과정을 거친 부모이자 좌충우돌 단무지(단순하고 무식하고 지혜롭게) 정신의 청소년 지도자 부부 이야기입니다. 이론적으로는 잘 알면서 어쩌면 그렇게도 실수를 하게 되는지 모릅니다. 그러나 다시 생각해 보면 지식은 시간이 지나 복기하고 해석하는 데 도움이 될 뿐입니다. 깊이 검증된 원리가 아닌 것은 대부분 시간이 지나가면 사라지거나 변화됩니다. 초보 부모일수록 원리 중심으로 배워야 합니다. 그래야 응용이 가능하고 어떤 변화가 찾아와도 당황하지 않습니다.

02

아들아, 괜찮아. 네 잘못이 아니야

죄책감은 내가 실수했다고 하지만,
수치심은 내 존재가 실수라고 한다.
- 존 브레드쇼

부모로서 자녀를 키우거나 청소년 지도자로 누군가의 멘토가 될 때 어려운 감정들이 생기기도 합니다. 어느 때는 분노, 어느 때는 슬픔, 어느 때는 미래에 대한 두려움이 엄습해 옵니다.

이러한 모든 감정 중에 가장 힘든 감정은 수치심(shame)입니다. 죄의식이 행위에 관한 잘못이라고 한다면 수치심은 존재에 관한 후회의 감정입니다. 수치심에 사로잡힌 사람은 모든 것을 내 잘못이라고 생각하게 됩니다.

좀 더 쉽게 설명해 볼까요? 내 행동이 잘못되었다고 후회하는 것은 죄의식입니다. 이것을 넘어 내 존재 자체가 잘못되었다고 생각하면 그것이 바로 수치심입니다. 부모는 대부분 자녀를 잘 키워야겠다는 생각으로 양육합니다. 그러다 조금이라도 어긋나면 마음속에 들려오는 소리가 있습니다.

"내가 더 열심히 하지 못해서 그런 거야."(후회 또는 죄책감)

"내가 자녀에게 줄 수 있는 것이 없군."(존재에 대한 후회)

"내가 문제야, 모든 것의 원인은 나야!"(수치심)

누구나 이러한 감정을 가지고 있습니다. 다만 일의 원인을 찾는 방식이 잘못 고정되어 있는 사람들은 모든 사건을 자신의 잘못으로 해석합니다. 상담실을 찾는 부모 중 그런 분들은 십중팔구 기가 죽어 있기 마련이지요. 자녀들이 그러한 부모의 심리적 상황을 알게 되면 자신도 수치심에 빠지거나 역으로 부모의 낮은 자존감을 이용하기도 합니다.

우리 부부는 가정에서 이러한 부정적인 해석을 하지 않으려고 노력하며 어려움이 닥칠 때마다 "괜찮아, 내 잘못이 아니야"라고 말합니다. 모든 것을 자신의 노력이 부족하다는 식으로 해석하면 삶은 무너져 버리고 맙니다.

자녀가 어떤 문제로 힘들어 하거나, 무언가 하고 싶어 하는데 경제적 여건상 지원해 주지 못하면 부모로서 마음이 어렵지요. 그러나 수치심에 가득 찬 해석은 누구에게도 유익하지 않습니다. 자녀들에게 줄 수 없는 것으로 고민하지 말고 할 수 있는 일에 최선을 다하면 됩니다.

X세대 또는 Y세대인 부모도 어느새 어른이 되었습니다. 이들은 특히 인류가 이전에 경험하지 못한 급변하는 시대에 자녀를 키우고

있지요. 최근 대두되고 있는 4차 산업 혁명, 메타버스(metaverse) 시대와 같은 변화는 도무지 부모로서 자녀를 올바르게 양육하는 방법이 무엇인가를 말할 수 없는 상황을 만들었습니다.

그렇기에 우리가 살고 있는 시대는 모르는 것이 당연하고 완벽하지 못한 것이 자연스럽습니다. 부모로서 우리는 모르는 것을 인정하고 서로 협력하며 도움을 청해야 합니다. 아는 척하고, 할 수 있는 것처럼 행동하는 것은 거짓에 지나지 않습니다.

우리 부부는 둘째가 홈스쿨로 중학교 과정을 시작할 때 누나처럼 착실하게 따라와 줄 거라고 생각했습니다. 그러나 남자아이라서 그랬는지 달랐습니다. 학교를 그만둔 아들은 하루에 12시간 이상 잠을 자기 시작했습니다. 머리를 깎지 않아 자신만의 장발 스타일을 만든 데다가 개인위생에 대한 노력을 전혀 하지 않았습니다. 마치 젊은 노숙인이 되어 가는 과정을 보는 것 같았지요.

하루는 긴 머리를 보고 '예수님 스타일'이라고 했더니 다음날 미용실을 찾아 '부처님 스타일'로 바꿔오기도 했습니다. 문제는 비단 머리에만 있지 않았습니다. 옷을 입는 스타일하며 말하는 방식까지 도무지 마음에 들지 않았습니다. 특히 규정을 중시하는 아내와의 관계가 어려웠습니다.

건강하게 자녀의 성장을 기다리기 위해 유용하게 썼던 말이 앞서 언급한 "괜찮아, 내 잘못이 아니야"였습니다. 다시 말하지만 죄책감은 행동에 대한 후회를 의미하고, 수치심은 존재에 대한 후회를 할 때 만들어집니다.

우리는 종종 죄책감과 수치심의 차이를 모르고 사용합니다. 죄책감에 깊이 빠져 있는 사람은 자신을 부정하는 수치심으로 들어가게 마련이지요. 자녀를 키워 본 사람이나 청소년을 지도해 온 사람이라면 '괜찮다'라는 말의 힘을 경험적으로 이해할 것입니다.

끊임없이 내면에서 들려오는 죄책감과 수치심을 자극하는 내적 언어들을 이겨 내야 합니다. 스스로의 내면에 힘이 만들어지면 가장 가까운 사람들부터 힘을 나누어 줄 수 있게 됩니다.

"괜찮아, 당신 잘못이 아니야."

"괜찮아요. 선생님이 모든 것을 할 수 있는 것은 아니에요."

"괜찮아요. 상담사가 모든 문제를 해결할 수는 없어요."

이 문장은 습관처럼 반복해서 우리 안에 자리 잡게 해야 합니다. 처음에 들을 때는 거부감도 있고 의미를 이해하기 힘들 수도 있습니다. 때로는 여러 가지 질문이 마음속에서 올라오겠지요.

모든 생각을 접어 두고 힘들고 어려울 때 스스로에게 괜찮다고 말하면 상당한 힘이 됩니다. 괜찮다는 말이 내면화되면 스스로를 평가하는 자존감이 향상이 됩니다. 부모나 지도자의 자존감이 향상될 때 청소년들은 자연스럽게 닮아 갑니다. 자녀를 키우면서 두려움, 죄책감에 사로잡힐 때 이 말을 떠올리시기를 바랍니다.

최선을 다해서 부모 역할을 해야 하지만 누구나 한계가 있습니다.

대부분의 부모는 최선을 다하고자 노력합니다. 한 번도 부모가 되는 법을 배운 적 없이 부모가 된 우리이기에 더욱 그렇습니다. 단지 우리가 보고 자란 우리네 부모의 모습이 우리의 양육 태도가 되었을 가능성이 큽니다. 부족할지언정 자녀에게 조금 더 좋은 것을 주고자 노력하고 있다면 그것으로도 위로받기에 충분합니다.

아프리카 속담에 '아이는 부모가 키우는 것이 아니라 마을이 키운다'는 말이 있습니다. 최선을 다하고 있는 부모들은 이제 혼자 하려 하지 말고 함께하며 서로에게 괜찮다고 말해 주는 관계를 만들어야 합니다.

둘째 승훈이 이야기를 조금 더 해 보겠습니다. 중학교 과정까지 홈스쿨링을 해 오던 아들이 11월이 되자 고등학교를 가겠다고 하여 이듬해 용인에 있는 고등학교에 입학했습니다. 당시 용인은 평준화된 지역이라 어렵지 않게 학교를 배정받았습니다. 학교에 다니면서 새로운 일(모험)이 시작되었습니다.

승훈이는 학교에 가면서 "학교에서는 오래 있지 않겠다"라는 약속을 했습니다. 오후 4시 30분에 학교가 끝나면 집으로 돌아와 자신만의 계획으로 살겠다는 것입니다. 그런데 입학하고 한 달이 지난 4월 어느 날부터 귀가 시간이 한 시간이나 늦어지기 시작했습니다. 무슨 일인가 싶어 학교에 가 보니 아들은 청소를 하고 있었습니다.

어떻게 된 일인지 묻자 승훈이 대답이 뜻밖이었습니다. 등교 시간에 지각한 아이들이 벌로 청소를 하더랍니다. 그것을 보고는 "청소는 봉사하는 일인데 잘못한 아이들에게 처벌로 청소를 시키는 것은 옳은 교육이 아닙니다"라고 건의를 했고, 1년간 자청하여 청소 봉사를 하게 되었다고 합니다. 귀가 시간이 늦어진 이유였지요.

　이런 경우 부모 마음은 난감합니다. 아이에게 그냥 훌륭하다고 말해 주었지만 우리 부부는 서로 위로해야 했습니다.

　"괜찮아, 우리 잘못이 아니야. 그렇다고 아들 잘못도 아니잖아!"

03

자책하지 않겠습니다

즐거워하는 자들과 함께 즐거워하고
우는 자들과 함께 울라
- 로마서 12장 15절

해병대에서 장교로 복무하고 전역한 지 얼마 안 된 저는 청소년들과 함께 뛰고 노는 것이 좋았습니다. 넉넉지 못한 신혼살림에도 오토바이를 구입해 지역의 청소년들을 만나고 다녔습니다.

어떤 날은 집 나간 아이를 찾으러 다니기도 하고, 어떤 날은 아이들을 모아 농구 대회를 개최하기도 했습니다. 또 어떤 날은 옆 동네 어른들과 축구 시합을 하기도 했지요. 누가 시켜서가 아니라 그저 스스로가 좋아서 하는 일이었습니다.

지역에 떠돌아다니는 청소년들을 교회로 불러 놀이도 하고, 간식도 먹은 후 집으로 보냈습니다. 당시 옷 입는 스타일이나 말하는 방식을 보고 있자면 함께했던 청소년들의 사정이 매우 어렵다는 것을 쉽게 알 수 있었습니다. 그것이 제가 청소년과 관련한 일을 하게 된 시작점이었습니다.

1998년 겨울, 어느 토요일 오후였습니다. 어느 때처럼 지역에 있는 청소년들을 모으기 위해 오토바이를 타고 동네를 한 바퀴 돌고는 간식을 준비하고 있었지요.

그런데 매주 보이는 까까머리 중학생 오수철(가명)이 보이지 않았습니다. 할머니와 함께 살고 있는 수철이는 항상 웃는 얼굴로 제게 마음을 준 것 같기도 하고 아닌 것 같기도 한 애매한 녀석이었습니다. 하지만 모임에 제법 잘 참석했고, 우리 축구팀의 골키퍼를 자처하며 훌륭한 역할을 해내기도 했습니다.

몇몇 친구들이 수철이를 삼거리에서 보았다고 알려 주어 데려올까 하다가 날씨도 좋지 않았고 다른 아이들이 기다리고 있어 그냥 프로그램을 진행했습니다. 모두가 즐거운 토요일 오후를 보내고 돌아갔지요.

다음날이 되었습니다. 주일 오후에 항상 교회에 오던 수철이 모습이 도무지 보이지 않았습니다. 집에 돌아가려고 하는데 계단에서 몇몇 아이들이 숨을 헐떡인 채 뛰어오르며 "오수철, 사고가 났어요!"라고 큰소리로 외치는 것이었습니다.

잠시 머뭇거리다 무슨 사고인지 자세히 말해 달라고 했습니다. 수철이가 어제 저녁 동네 형들과 한강으로 가던 길에 철길을 무단횡단하다 사고가 났다는 것입니다.

당시 한강은 개발되기 전이라 비행 청소년들이 아지트로 삼아 모임을 갖는 장소였습니다. 물론 그곳으로 가기 위한 길이 마땅치 않아 철길을 무단 횡단하는 일이 비일비재 했습니다. 수철이는 그 철길을 건너다 사고를 당해 운명을 달리하고 말았습니다. 용산 중앙대부속병원 영안실로 달려가 싸늘한 주검을 마주했던 기억이 아직도 생생합니다.

그 당시 저는 20대 후반의 신학대학원생이었고, 신혼 생활을 하면서 청소년들을 돕겠다는 생각으로 관련된 공부를 하고 있을 때였습니다. 그날의 사건은 트라우마가 되었고, 마음속에 계속해서 들려오는 소리가 있었습니다.

'그날 수철이를 찾으러 갔다면 이런 일이 없었을 지도 몰라."

'이 사건은 내 잘못이야.'

그 일이 있은 후 한동안 청소년들과 만나는 일을 할 수 없었습니다. 혹여 청소년들을 만나더라도 불우한 환경에 있는 청소년은 피하게 되었습니다. 신혼집이 있던 이태원에서는 비교적 어려운 청소년들을 만날 수 있는 기회가 많았습니다. 이를 피하려고 일부러 집도 일산 신도시로 이사를 해 버릴 정도였습니다.

그 후에도 비행 청소년들을 볼 때 마음속에 '책임'이라는 단어가 무겁게 떠올라 깊은 관계를 가지기가 어려웠습니다. 자녀를 키우면서 최근 내가 하는 해석이 내 삶을 좌우한다는 것을, 내 잘못이라고 후회하는 것이 누구에게도 유익하지 않다는 것을 깨달았습니다. 그러면서 과거를 회상하며 울고 있는 나 자신을 위로했습니다.

"괜찮아, 내 잘못이 아니야."

이렇게 몇 번이고 떠올리며 마음을 다지고 나니 힘들었던 그 사건에서 자유로워질 수 있었습니다. 그 일로부터 자유로워지기까지 꽤나 오랜 시간이 걸렸습니다.

지금도 "내 잘못이 아니야"라는 말의 힘을 되뇌며 맡겨진 일을 감당하고 있습니다. 제 주변의 청소년 지도자들이 청소년들로 인해 어려운 마음을 가질 때 항상 진지한 표정으로 말해 줍니다.

"괜찮아요, 선생님 잘못이 아니에요."

"우리가 언제까지나 아낌없이 주는 나무가 될 수는 없습니다."

자녀의 문제로 죄책감과 수치심 그리고 낮은 자존감으로 어려워하는 부모들과 상담할 때도 항상 먼저 위로를 건넵니다.

"우리도 처음이잖아요? 괜찮아요. 최선을 다한 겁니다. 자책하지 마세요. 어머니 잘못이 아닙니다."

04

어떡해야 할지 모르겠습니다

자신을 향해 웃는 것은
인생에서 배워야 할 대단히 중요한 능력이다.
- 캐서린 맨스필드

부모를 대상으로 하는 강연을 들으면서 무척이나 귀에 거슬리는 논리 전개 방식이 있습니다. 바로 모든 것을 부모 탓으로 돌리는 것입니다.

아이들이 가지고 있는 나쁜 습관이 부전자전이라고 설명하는가 하면 심지어 MBTI, 에니어그램, DISC와 같은 심리 유형을 들먹이면서 부모의 잘못을 매우 잘 찾아 주지요. 그럴 때 마음속에서 '그래서 어쩌란 말이지?'라는 말이 떠오릅니다.

저와 비슷한 또래 X세대 부모는 바쁘게 살았습니다. 오프라인 세대였기에 육아를 자세히 알려 주는 SNS나 유튜브도 없었습니다. 그저 기억을 더듬어 우리네 부모의 양육 방식을 따라할 수밖에 없었지요.

그 당시에는 〈우리 아이가 달라졌어요〉나 〈금쪽같은 내 새끼〉와 같은 양육 전문 TV 프로그램도 없었습니다. 그렇다고 해서 지금의 젊은 부부들도 별반 다르지 않습니다.

유명한 육아 전문가가 TV에 나와서 말하는 것을 들으며 공감하지만 뒤돌아서면 허탈감이 더 많이 찾아온다고 합니다. 그런 엄마들은 이런 말을 하곤 하지요.

"들을 때는 좋았는데 제가 할 수 있는 것이 아니에요."

또 젊은 엄마들은 이런 저런 강의를 들으며 아빠가 양육에 있어 문제가 많다는 것을 인식하고 남편들에게 부모 교육을 받도록 합니다. 사실 X세대 남편들과 지금 젊은 남편들을 비교하면 엄청나게 변했습니다. X세대는 배우자를 '집사람'이라고 불렀는데 요즈음에는 '아내'라고 부르는 젊은 아빠들을 많이 발견합니다.

그들은 쉬는 날이면 가급적 가정에서 식구들과 시간을 보내려고 하는 모습을 보여줍니다. 집에서 설거지를 하는 것 정도는 이제 특별한 일이 아니지요.

시대에 따라 남편들의 모습도 변화하고 있습니다. 시대와 문화가 변하고, 소득 수준이 달라진 데다 교육 수준까지 올라가면서 많은 것이 변하고 있습니다.

우리 아버지 세대는 부엌에 들어가지도 않았습니다. 결혼 후 아내를 도우려고 할 때마다 부모님의 눈치를 봤던 기억이 납니다. 그러나 지금은 남편이 더 어려운 시대가 아닐까 합니다. 이렇게 시대가 변하고 부모가 변했어도 아이들의 문제는 여전히 남아 있으니까요.

지금은 부모의 과보호가 문제가 되는 사회입니다. 어떤 아이라도 그 아이에게 딱 맞는 부모는 없습니다. 서로 소통하면서 함께 성장하는 것입니다. 심리학이나 상담가들의 도움이 절대로 필요 없다는 이야기가 아닙니다. 이 세상에 모든 것을 고칠 수 있는 마음의 전문가가 있을까요?

최근에 어떤 부모가 아이의 선생님에게 전화를 받았다고 합니다. 선생님은 화난 목소리로 "아이를 병원에 데려가야 합니다. 틀림없이 ADHD 진단이 나올 거예요. 꼭 약을 먹여서 학교에 보내서야 해요." 라고 했다더군요.

그런 전화를 받은 대부분의 부모는 일단 '부정'을 합니다. 이어 병원이나 상담 센터 등 여러 군데에 알아봅니다. 그러나 가는 곳마다 소위 전문가라고 하는 이들이 다양한 진단명을 이야기하지요. 그런 일을 몇 번 경험한 후 자녀가 초등학교 고학년쯤 되면 부모들은 스스로 자녀를 문제아라고 결정해 버리기 쉽습니다.

많은 사람이 이런 아이들을 가리켜 학교에 맞지 않는 아이이라고 합니다. 과연 그럴까요? 저는 생각이 조금 다릅니다. 아이들이 학교에 맞지 않는 것이 아니라 학교가 그 아이들에게 맞지 않는 것입니다. 학교랑 잘 맞는 아이가 있는 게 아니라 학교를 참아 내는 능력이 있는 것입니다.

괜찮아,
네 잘못이
아니야!

청소년 활동 현장에서 그들의 성장을 돕는
지도자이자 교육자이지만 정작 세 자녀를 키우는 것은
그와는 다른 일이었습니다. 저 역시 초보였습니다.

아이가 표준에서 조금 벗어난다고 해서 절대로 기가 죽거나 어려워하지 마세요. 아이들은 각자의 타고난 유전적 요인과 환경의 차이로 인해 어려움을 겪을 수 있습니다. 정보를 받아들이는 방식에 있어서도 아이들마다 다른 유형을 가지고 있습니다.

그렇기 때문에 우리 아이의 전문가는 주 양육자인 부모가 될 수밖에 없습니다. 물론 전문가의 도움을 받을 수는 있겠지만 그들이 모든 것을 알지 못합니다. 그렇게 분석할 시간도 없고, 정확히 진단할 척도도 개발되어 있지 않습니다.

아이가 어려움을 겪어도 결코 좌절하지 마세요. 부모의 잘못이 아닙니다. 어느 누구도 정답을 알 수 없습니다. 그저 부모로서 내 아이에게 최선을 다하는 것밖에 없습니다.

부모 된 여러분의 잘못이 아닙니다. 자녀가 성장이 더뎌도, 성장이 빨라도, 말수가 적어도, 수 계산이 느려도, 음악을 잘 못해도, 신체 능력이 조금 떨어져도 부모의 잘못이 아닙니다. 우리 아이들은 성장하고 있는 과정 중에 있습니다.

처음으로 하는 부모 역할을, 처음 만난 아이에게, 처음 겪는 세상에서 최선을 다해 감당하고 있는 부모님들을 위로하고 응원합니다.

"괜찮아요. 여러분의 잘못이 아닙니다."

청소년 활동 현장에서 그들의 성장을 돕는 지도자이자 교육자이지만 정작 세 자녀를 키우는 것은 그와는 다른 일이었습니다. 저 역시 초보였습니다. 청소년 지도자 경험이 많다고 해도 '부모 노릇'은 처음이기 때문입니다.

청소년들을 잘 도울 자신이 있었지만 제 아이를 키운다는 것은 또 다른 노력이 필요했습니다. 돌이켜 보면 특히 어려웠던 점은 '내 아이는 특별하다', '다른 사람들에게 본이 되도록 잘 키워야 한다'라는 인식 탓에 잘하려고 하다 보니 긴장하여 실수를 하곤 했습니다.

어느 어린이집 원장이 자녀들과의 관계에서 많은 문제가 있었다고 합니다. 그런 아내를 보고 남편이 "나는 당신이 어린 아이를 잘 키우는 걸 보고 우리도 아이가 생기면 훌륭하게 키울 거라 생각해서 결혼했는데…."라며 비난하자 그 원장님이 "무슨 소리야! 우리 아이들은 청소년이잖아! 나는 유아들만 잘 키워!" 이렇게 대답을 했다는 웃픈 이야기를 들었습니다.

첫째인 딸 승희, 누나와 연년생인 둘째 승훈이, 큰아이와 8년 터울의 막내아들 승하를 키우면서 저는 반대 상황에 부딪혔습니다. 청소년 전문이라서 그런지 자녀들이 유아 시절에는 나쁜 아빠였다가 청소년이 되면서 제 역할을 조금씩 찾아갔습니다.

다시 말하지만 삶이란 무엇을 해도 초보일 수밖에 없습니다. 그것을 뼈저리게 느끼게 하는 것이 자녀 교육입니다. 저도 나름 교육에 대해서 알 만큼 알고, 공부도 할 만큼 했다고 생각했지만 이론과 실제는 거리가 있었습니다.

자녀들을 키우면서 학교가 제 역할을 하고 있는가, 학교를 꼭 보내야 하는가, 학교가 아니면 아이들이 배울 기회는 없는 것인가, 아이들은 어떻게 성장하는가에 대해 수없이 고민했습니다. 자녀를 둔 부모라면 한 번쯤은 고민해 볼 문제이지요.

자녀가 학교에 안 맞을 수 있지만 학교가 자녀에게 맞지 않을 수도 있다는 사실을 꼭 기억하시기 바랍니다.

PART 2

성장 속도는
저마다 다릅니다

청소년 자녀가 화났을 때 가정에서 자주 하는 행동은 방문을 닫는 것입니다. 자녀에게 문을 왜 그렇게 세게 닫느냐고 잔소리를 하면 바람이 불었다는 등 변명의 답이 들려오지요. 말을 잘 듣던 아이가 한순간에 부모와 원수가 되기로 작정한 것처럼 달려들 때면 도무지 이해할 수가 없습니다.

청소년기 성장의 가장 큰 특징은 '분리'입니다. 부모와 좋은 애착을 맺은 청소년들은 자연스럽게 분리를 하고, 그렇지 못한 아이들은 분리를 위해 투쟁합니다. 아이를 출산했을 때를 기억해 보세요. 청소년기는 정서적 출산을 하는 시기입니다. 그렇기 때문에 부모와 떨어지려고 합니다. 그때 만일 부모가 분리시키지 않으려고 한다면 많은 어려움을 겪습니다.

청소년기 자녀들은 부모가 통제하지 못하는 공간을 만들기 위해 노력합니다. 부모처럼 수직적 관계가 아닌 수평적인 관계를 맺을 수 있는 곳을 찾습니다. 그곳에서 여러 가지 역할의 가면을 써 보면서 자아정체성을 찾는 기간입니다. 부모로서도 당황스럽지만 자녀들 역시 알을 깨고 나오는 것처럼 두렵고, 혼란스러운 경험의 시간을 겪습니다. 이 파트에서는 Z세대인 자녀들을 이해하는 시간을 갖도록 하겠습니다.

05

결핍은 새로운 것을 만들어 냅니다

결핍이야말로 성장을 가져다주는
가장 강한 동력이다.
- 스티브 정

헬렌 켈러는 "빛은 길을 가르쳐 주기 때문에 빛을 사랑한다. 어둠은 별을 보여주기 때문에 나는 그 어둠을 견딘다."고 말했습니다. 여러분은 별이 왜 아름답다고 생각하시나요? 하루는 독서를 좋아하는 딸아이가 "아빠! 별이 아름다운 이유는 밤하늘이 어둡기 때문이래요." 라며 별이 아름다운 이유를 설명해 주었습니다.

낮에는 별이 보이지 않지요. 별이 존재하지만 밝은 낮에는 빛나지 않습니다. 어두운 밤이 되어야 비로소 별은 아름답게 빛납니다. 청소년들과 만나 대화를 하다 보면 삶의 어두움이 그 존재를 빛나게 하고 있다는 것을 발견할 때가 있습니다. 어두우면 어두울수록 별은 더욱 아름답게 반짝이는 법입니다.

몇 년 전 미국에서 운전을 하면서 그랜드캐니언을 여행하던 도중 다음 숙소를 찾아가다 밤이 되고 말았습니다. 칠흑 같은 어두움에 약간의 두려움이 생겼고, 오로지 앞만 보고 운전을 했습니다. 가도 가도 자연의 풍경을 드리운 도로를 벗어나지 못하고 중간에 휴식을 위해 차를 세웠습니다.

무심코 하늘을 올려다 보았다가 놀라운 광경과 마주했습니다. 밤 하늘에 별들이 다양한 크기와 밝기, 여러 종류의 색으로 수놓아져 마치 하늘이 살아 있는 것처럼 보였습니다. 함께 그 광경을 바라보던 친구들은 하나같이 "이번 여행 이것으로 충분해!"라며 감탄을 연발했지요.

그날 밤하늘은 마음속의 여러 가지 고민을 잠시 내려놓게 했습니다. 역시 밤이 어두우면 별이 더 아름답습니다.

마찬가지로 사람은 역경 속에서 그 존재의 빛이 더욱 아름답게 보입니다. 누구나 삶에 역경이 있습니다. 사람들은 자신의 문제와 요구와 결핍으로 괴로워하지만 그 역경은 결국 그 사람을 단련시킵니다. 류승완 감독의 영화 〈베테랑〉에서 유명해진 대사가 있습니다.

"우리가 돈이 없지 가오가 없냐?"

결핍이 상처로 남기도 하지만 부족함의 경험은 탁월함을 만들어 내기도 합니다. 역설적으로 모든 것이 풍족한 사람들은 그 풍족함이 도리어 결핍이 되기도 하고, 무언가 결핍되어 빈손으로 걸어 볼 때 새로운 것을 만들어 냅니다.

자녀들에게 모든 것을 다 해 주지 말아야 한다는 것은 교육에 있어서 정말로 옳은 말입니다. 직접 부족함을 경험해 보고, 그 부족함을 채우기 위해 노력할 때 더욱 빛나게 되어 있습니다. 인생의 결핍이 탁월함으로 빛나게 되는 것이지요. 마치 진주조개의 상처가 진주를 만들어 내듯이 말입니다.

사랑을 못 받고 자란 사람들 중에는 자신의 결핍으로 인해 사랑받지 못한 이들을 이해하고 그들에게 사랑을 나누며 살아가기도 합니다. 어려웠던 과거가 있는 만큼 어려운 사람들의 마음을 금세 알아차립니다. 바로 그 부분이 자신의 탁월함으로 성장하게 됩니다.

제자 중에 유중갑이라는 청년이 있습니다. 그는 지하철 근처에 있는 노숙인이나 처지가 어려운 사람들을 만나며 작은 나눔을 실천합니다. 함께 걸어가다 노숙인을 봐도 그렇게 합니다. 아마도 그가 겪었던 어려움이 그렇게 만들지 않았을까 짐작합니다. 스스로 배고파 보았고, 춥게 살았던 청소년기가 있었기 때문에 그는 다른 사람의 어려움을 마음으로 공감할 수 있습니다. 물론 자신의 삶이 어려웠던 부분이 상처로 남아 있지만 그 덕택에 스스로 빛나고 있습니다. 마치 조개 속에 감추어진 진주처럼 말입니다.

그에게는 어릴 적 가족을 떠나버려 기억조차 희미한 어머니가 있습니다. 어린 시절을 아버지, 누나와 함께 보내며 지독한 가난으로 인해 먹을 것이 없어 밥과 고추장으로 끼니를 때우곤 했습니다. 아버지는 자녀를 키우는 방법을 몰랐습니다. 그러다 보니 자녀를 지켜야 한다는 두려움과 스트레스가 폭력적인 행동으로 나타나기도 했습니다. 이러한 양육 태도는 어린 자녀들의 마음에 심각한 상처를 주었지요. 그 상처는 정서적 결핍이 되었고 육체적 질병으로 나타났습니다.

마음의 질병은 질풍노도의 시간을 겪게 하였고, 소유할 수 없는 많은 것에 대한 욕구로 남았습니다. 몸은 스트레스를 받아 내지 못해 질병에 시달려야 했습니다. 소유할 수 없는 것들에 대한 욕구는 자신이 가지고 있는 것을 리폼하고, 구제 의류를 재구성해서 옷을 멋지게 입는 재능을 만들었습니다. 그는 자신의 20대를 스스로를 찾아가는 시간으로 보냈고, 지금은 30대가 되었습니다.

나눔에 인색할 수 있었을 텐데 그는 공감 능력을 통해 나눔을 실천하며 살아갑니다. 수년간 그렇게 살면서 노숙인에서 욕설을 듣고 폭력을 당하면서, 심지어 경찰서에 가기도 하면서 그들을 위해 적은 수입마저 나누는 모습에 우려하기도 했습니다.

그는 사이버대학을 졸업하고 사회복지사 2급 자격증도 가지고 있습니다. 게다가 10년 이상 저와 함께 있으면서 사람을 상대하는 방법과 리더십을 배웠고, 저 또한 그에게 많은 것을 배웠습니다.

그는 제가 경험했던 어떤 사회복지사보다 진정성이 있는 현장형 사회복지사입니다. 누가 월급을 주지 않아도 슬퍼하는 사람과 함께 하고, 누가 지원하지 않아도 기뻐하는 사람과 함께 기뻐할 줄 아는 청년입니다. 자신의 것을 나눌 줄 알고, 그 가치를 영혼 깊이 아는 청년입니다.

올해 서른이 된 그는 우연히 어머니가 살아 계신다는 것과 가까이에 살고 있다는 것을 알게 되었습니다. 아직 해결하지 못한 의문들이 있어서 아는 체를 못하고 어머니 집앞을 서성이고, 아버지는 여전히 정서적인 아픔과 분리되지 않은 터라서 그로 인한 어려움이 있지만, 가장 중요한 것은 이러한 경험이 그를 성장시키고 있다는 것입니다.

그가 자신의 이야기를 다른 청년들이나 청소년과 진솔하게 나눌 때 그 정서적 울림은 무척 크게 나타납니다. 그의 공감 능력과 탁월한 공간 구성 능력은 아무렇게나 찍은 것 같아 보이는 사진도 특별하게 만듭니다. 최근에는 개인 사진전을 개최하기도 하였습니다.

똑같은 역경을 경험해도 어떤 이에게는 상처만 남고, 어떤 이에게는 반짝이는 불꽃으로 자리를 잡습니다. 그렇기에 부모는 자녀에게 완벽한 환경을 제공하려고 노력하기보다 환경을 해석할 수 있는 마음의 힘을 길러 주어야 합니다.

역경의 시간도 지나가면 다시 해석할 수 있는 정서적 힘이 중요합니다. 자신의 삶이 어려웠다 해도 이를 다시 해석할 수 있는 힘이 있다면 탁월함을 찾는 지름길이 될 것입니다.

삶의 질은 해석하기에 달려있습니다. 삶의 해석은 언어의 문법과 같아서 자신이 몸담고 있는 공동체의 문법을 배우게 됩니다. 그 문법에 가장 큰 영향을 주는 것은 단연 가족입니다. 부모는 자녀에게 어떻게 해석하도록 할 것인가를 늘 염두에 두어야 합니다.

청소년은 부모의 해석, 가정의 해석, 사회의 해석, 친구들의 해석

나눔청년
유종갑

사랑을 못 받고 자란 사람들 중에는
자신의 결핍으로 인해 사랑받지 못한 이들을 이해하고
그들에게 사랑을 나누며 살아가기도 합니다.

에 영향을 받을 수밖에 없습니다. 지금 글을 읽고 있는 여러분의 삶에 대한 해석과 보는 눈은 자녀들에게 그대로 전이될 가능성이 매우 높습니다.

아이들은 부모의 눈을 가지고 세상을 바라봅니다. 남자아이들은 엄마의 눈으로 아버지를 해석하고, 여자아이는 그와 반대입니다. 부모의 눈이 아닌 자신의 눈으로 세상을 바라볼 때 진정한 성장을 이루게 됩니다.

자기 스스로 세상을 보다 긍정적으로 해석할 수 있는 힘을 가지려면 부모가 건강한 눈, 올바른 해석을 보여주는 것이 중요합니다. 여러분이 세상을 보는 렌즈는 어떤 색인가요?

삶이 무겁고 힘든 사람들에게 내일은 좋아질 것이라는 희망의 말을 건네기도 하고, 목표를 세우고 전진하라는 격려를 하기도 합니다. 그러나 중년의 삶을 되돌아보니 삶은 한 번도 쉬운 적이 없었습니다. 물론 상황이 더 나아지지 않을 수도 있겠지요.

누구에게나 삶은 무거운 것입니다. 우리가 할 수 있는 확실한 일은 삶을 다시 해석하는 일입니다. 이를 바탕으로 현재를 건강하게 살아내는 힘을 키워야 합니다. 어두운 환경이 나를 더 빛나게 한다는 해석은 큰 유익을 줍니다. 힘든 시간이 위장된 행운이었다는 것을 해석해 낼 때 삶은 질적으로 달라집니다.

결핍이 결핍된 시대

심리학자 매슬로(Abraham Harold Maslow)는 1943년 「심리학평론」(Psychological Review)에 인간의 욕구가 작동하는 원리에 대한 이론을 발표하는데, 그것이 동기이론이다. 곧 욕구단계이론이며 성장이론의 효시이기도 하다.

욕구 단계는 5단계로 시작하였으나 존중 욕구와 자아 실현 욕구 사이에 인지적 욕구와 심미적 욕구를 추가하여 7단계로 수정 되었다. 말년에 초월 욕구를 자아 실현 욕구 위에 놓음으로써 자기 초월을 가장 높은 단계의 동기 혹은 인간 삶의 완성이라고 했다.

그는 보상에 의해 일어난 행동을 외재적 동기에 의해 일어났다고 말한다. 다른 말로 결핍 동기에 의해 일어났다는 것이다. 보상이 필요하다는 것은 곧 채워지지 않는 결핍이 있다는 뜻이다.

무언가를 충분히 가지고 있다면 보상은 무가치하다. 예를 들어 충분히 먹어 배가 부른 사람에게 먹을 것을 보상으로 주는 것은 어떤 동기부여가 될 리 없다.

또한 결핍은 풍족함과 함께 동전의 양면처럼 존재하지는 않는다. 풍족하면 결핍을 못 느끼고, 결핍을 느끼면 풍족함이 존재하지 않는 그런 상황이 아니다. 그래서 결핍은 단순히 풍족함이 사라진 것이 아니라 풍족함 속에서 미래를 준비하는 여유가 없다는 것이 옳다.

우리 사회는 풍족한 시대이다. 하지만 결핍이 결핍된 시대는 의욕을 잃고, 더 이상 움직이지 않도록 할 수 있다. 과연 괜찮을까? 결핍의 힘이 발휘되기를 바란다. 결핍 동기는 결핍이 채워질 때까지 작동을 멈추지 않기 때문이다. 결핍은 인간을 움직이게 하는 훌륭한 동기가 된다는 것이다. 삶은 내면이 결핍과 마주하는 일이라고도 한다.

『심리학용어사전』(데이비드 스탯, 정태연 옮김, 끌리오) 참조, 편집부 정리

06

청소년기에 가면을 쓰는 이유

떨어져 있을 때의 추위,
붙으면 가시에 찔리는 아픔 사이를 반복하다가
결국 적당히 거리를 유지하는 법을 배우게 된다.
- 쇼펜하우어

청소년들은 아침저녁으로 다른 얼굴을 하고 나타납니다. 때로는 신사가 되고, 때로는 전사가 되지요. 집에서는 인상파로 사는 것 같지만 학교에서 친구들과 있을 때는 코미디언이 됩니다. 왜 이런 일을 벌어질까요?

자신의 진정한 모습이 아닌 여러 가지 얼굴을 나타내는 이유는 진정한 자신이 누구인가를 찾고 있는 기간이기 때문입니다. 이 시기 청소년들은 다양한 가면을 앞에 두고 때와 장소에 따라 가면을 골라 쓰고 등장합니다. 그러고는 사람들이 가면을 쓴 자신을 어떻게 받아들이는지 관찰합니다.

저의 자녀들도 사춘기를 지나며 가장 크게 변화한 것이 바로 감정을 잘 드러내지 않는 것이었습니다. 밝은 감정이건 어두운 감정이건 자신의 본래 모습을 드러내지 않았습니다.

부정적인 감정을 드러냈을 때 나쁜 것이라며 거부당했던 경험이 가장 큰 이유였습니다. 감정에 점수를 매겨 나쁜 감정과 좋은 감정을 구별 지어 놓았습니다. 아이들 입장에서 자신의 감정이 거부당할 때 스스로를 숨긴다는 것을 확인했습니다.

가정에서 자녀를 바르게 키워 보겠다며 엄격하게 교육하는 경우가 있습니다. 이 경우 아이들이 유독 감정 표출을 어려워하는 것을 보게 됩니다.

감정은 눌렀다고 없어지는 것이 아닙니다. 특히 청소년기를 '낙엽만 떨어져도 웃는 시절'이라고 합니다. 그런 아이들에게 웃지 못하게 하는 것은 어렵습니다.

이렇게 어떤 감정을 표현하지 못하게 되면 아이들은 또 다른 가면 쓰는 법을 연습합니다. 자신의 감정이 아닌 다른 얼굴로 어른들 앞에 나타납니다. 가정에서, 교실에서, 학원에서 어른들이 주도하는 공간에서는 하나같이 감정이 드러나지 않는 얼굴을 하고 있습니다.

그러나 감정은 자아(self)의 일부이기 때문에 숨길 수 있는 것이 아닙니다. 누구에게나 자신의 모습이 있는 그대로 드러나는 안전한 공간이 필요합니다.

청소년들에게 그런 정서적인 공간은 친구들과 함께 있는 곳입니다. 친구들과 함께 있을 때는 깔깔거리고, 으르렁거리며 있는 그대로의 모습을 드러내지요. 그렇다면 자녀들은 왜 친구들과 있을 때만 자신의 모습을 드러낼까요? 간단합니다. 친구들은 어른들처럼 그 감정이나 행동을 판단하지 않기 때문입니다.

관계 속에서 우리만의 내밀한 공간을 만들고, 비밀을 보장하고, 서로의 편이 되어 주는 존재가 친구입니다. 특히 남자아이들보다 여자아이들이 이런 관계를 더 잘 형성하지요.

남자아이들 중에는 특유의 쑥스러움이나, 수직적인 힘겨루기로 인해 믿을 만한 친구와 우정을 맺기 어려워합니다. 이렇게 감정을 드러내는 데 어려움을 겪는 남자아이들이 의외로 많습니다. 이런 상태로 눌렸던 감정이 어느 순간 드러나면 지나치게 과도하게 표현되어 주변의 어른들을 혼란스럽게 만들어 버립니다.

이런 아이들에게 가장 좋은 방법은 자신이 쓰고 있는 가면을 벗을 수 있도록 안전한 환경을 마련해 주는 것입니다. 청소년들이 사람들과의 관계에서 안전한 정서적인 공간을 제공받는다면, 가면을 쓰지 않고 자신을 표현할 수 있다면 훨씬 더 건강해질 것입니다.

그 공간에서는 마음속의 여러 감정을 표현할 수 있어야 합니다. 화를 낼 수도 있고, 울 수도 있고, 두려움을 표현할 수도 있어야 하지요.

청소년들이 진정으로 원하는 것은 나타나는 현상처럼 복잡하지 않습니다. 그저 사랑해 달라는 것이고, 인정해 달라는 것입니다. 그 진정한 욕구에 대한 메시지를 부모와 청소년 스스로 깨닫게 되면 문제가 의외로 간단할 수 있습니다. 물론 욕구를 채우는 방식이 개인마다 다르기 때문에 깊이 있게 돌아봐야 하는 시간과 노력은 필요합니다.

Z세대 자녀들을 만나 보면 전 세대와는 다른 점을 가지고 있습니다. 그들의 부모 대부분은 1965년~1980년에 태어난 X세대이고, 이전 세대가 '모르겠다'라는 함축된 표현으로 'X'라고 불렸던 것입니다. 그 X세대의 자녀가 Z세대입니다.

Z세대는 과거의 전형적인 인재 육성 패러다임 안에서 보면 전혀 다른 유형의 세대입니다. 그들의 특이성은 전 세대와의 단절 현상을 보여줍니다. 인류 최초 디지털 원주민으로 이 땅에 태어나서 자란 세대이기도 합니다. 그러다 보니 자아 개념이 전혀 달라서 전형적인 아날로그 세대인 X세대 부모로서 당황스러울 수밖에 없습니다.

다만 Z세대 역시 청소년기에는 내가 누구인가라는 '자아정체성' 문제로 고민하지만 전 세대의 그것과 다르게 만들어진다는 것입니다. 그들은 온오프믹스, 즉 오프라인의 정체성과 온라인의 정체성을 모두 소유하고 있습니다. 그들은 마치 이중 언어를 사용하는 사람들과 같은 정체성을 가지고 있습니다.

유년기에 이중 언어에 노출된 아이들은 '사과'라는 단어와 애플(Apple)이라는 단어를 따로 개념화 합니다. 영어 단어 'Apple'을 한국어인 '사과'로 번역하여 사용하는 것이 아니라, 'Apple'과 '사과'를 각기 다른 개념으로 받아들입니다. 마찬가지로 Z세대는 오프라인에서 또 온라인에서 별도의 자아정체성을 모두 가지고 있습니다. 정체성 형성에 있어서 이중 언어를 사용하고 있는 것과 같은 현상입니다.

청소년 시기는 개인적 정체성과 사회적 정체성를 찾아가는 시기입니다. 그렇기 때문에 이런 저런 자신의 역할을 사유하고 적용하게 됩니다. 이 과정을 통해 자신의 진정한 자아를 찾아갑니다. 발달심리학자인 에릭슨(Erik Homburger Erikson)은 인간의 전 생애 8단계의 발달과정에서 청소년 시기는 정체성을 찾아가는 시간이라고 설명했습니다.

청소년 시기의 Z세대 역시 내가 누구인가를 찾아가는 시간입니다. 유아기에는 주로 부모와의 관계를 통해서 사회적 발달을 가져왔다면, 청소년기는 조금 더 넓어진 사회적 관계 속에서 자신이 누구인가를 찾게 됩니다.

한편 예전에는 현실 세계에서 만나는 사람들을 통해서 학습하고 활동하면서 정체성이 형성되었습니다. 그러나 Z세대는 가상 세계에서도 자신의 역할을 도전하고 실행할 기회를 가지고 있습니다. 다중의 정체성을 학습하고 훈련할 기회가 있는 것입니다.

역설적으로 Z세대는 이중의 정체성을 연습할 수 있으나 온오프라인의 서로 다른 공간에서 진정한 자신의 정체성을 찾기 어려운 세대이기도 합니다.

그렇기 때문에 청소년기의 Z세대는 현실 세계에서 만나는 사람들과의 상호 작용이 더 중요해졌습니다. 청소년기의 정체성은 환경과의 상호 작용을 통해 만들어지기 때문에 여러 환경에 접촉하면서 상호 작용을 할 수 있는 기회가 주어져야 합니다.

전 세계를 뒤엎은 팬데믹은 성장기 자녀들의 정체성 형성에 부정적인 환경을 제공했습니다. 또한 서둘러 미래 교육의 변화를 요구하게 되었지요. 아이들이 친구, 교사, 이웃, 어른들과의 상호 작용을 통해 자신의 정체성을 찾아가야 할 시기에 제한적인 가정 내에서 시간을 보내야만 했습니다.

이 시간은 코로나 시대라고 구별해야 할 만큼 부모나 자녀 모두 갑자기 닥친 부대낌의 시간이었고 혼돈이었습니다. 무엇보다 아침저녁으로 다른 가면을 쓰고 등장하는 성장기에는 정체성을 찾는 연습의 시기이기도 합니다.

자녀는 부모의 반응이 제한적이어서 답답하고, 부모는 학교와 가정이 믹스된 상황에서 자녀의 변화무쌍한 감정 상태를 이해하려고 애써야 했을 것입니다.

홈스쿨을 했던 우리 부부의 가장 큰 고민도 여기에 있었습니다. 너무 오랜 시간을 부모와 함께 하는 것은 아닌가. 그래서 선택했던 것이 '청소년 활동'을 통해 또래를 만나고 지도자를 만나게 하는 것이었습니다.

학교에 다니는 학생들은 친구, 교사, 학원 등에서 관계 경험을 합니다. 홈스쿨을 함으로써 그 경험을 놓치고 있는 아이들이 시간적 여유를 가지고 할 수 있는 자기개발 활동, 봉사 활동, 동아리 활동, 탐험 활동 등에 참여하여 부족함을 채우도록 했습니다.

Z세대에서 나타나는 약점은 상호 작용 능력, 토론 능력, 실천 경험의 부족 등인데 청소년 지도자인 우리 부부의 강점인 청소년 활동으

로 채울 수 있었습니다.

이 글을 읽고 있는 부모님에게 꼭 추천하고 싶은 교육 방법이 있다면 실행을 통한 학습(Learning by Doing)입니다. 특히 우리 가족에게는 2008년 국내에 도입된 청소년국제성취포상제가 자녀들의 성장에 큰 도움이 되었습니다.

청소년국제성취포상제(Duke of Edinburgh's Award: Dofe)는 1956년 영국에 본부를 두고 시작한 세계적인 청소년 성장 프로그램입니다. 세 자녀 모두 청소년 시기를 청소년 포상제와 함께 성장했습니다.

포상제 활동을 지도하면서 부모인 우리 역시 청소년들처럼 '나만의 포상제'를 통해서 함께 성장했습니다. 자녀들을 조금 여유롭게 키우시고자 결정하신 분들이 있다면 꼭 추천합니다.

07

부모와 경계를 만드는 시간

심리적 경계는 우리를 규정한다.
나는 무엇이고 내가 아닌 것은 무엇인지 밝혀 준다.
- 헨리 클라우드

아이가 세상에 태어나 영아기를 거치는 동안에 부모가 가장 많이 하는 말이 무엇이라고 생각하시나요? 여러 가지 말이 있겠지만 "하지 마!", "안 돼!"입니다. 이런 말을 듣고 자란 아이가 말을 하기 시작해 만 3세가 되면 "싫어", "내가 할 거야"라는 말을 많이 합니다. 하지 말라는 말을 했던 부모에게 싫다는 말로 복수라도 하는 것일까요? 도대체 왜 이런 현상이 일어나는 걸까요?

부모들은 성장 원리 중 애착과 분리에 대해 이해해야 합니다. 어린 아이들은 자신의 주 양육자와 애착을 형성합니다. 건강한 애착이 형성되면 정서적으로 안정을 찾게 되고 주 양육자와의 분리도 이겨 낼 수 있는 마음의 힘이 만들어집니다. 어린아이가 엄마 없이도 혼자 놀 수 있는 정서적 힘은 건강한 애착이 형성되어 있기 때문입니다. 엄마의 얼굴이 지금 내 앞에 안 보여도 엄마가 있다는 것을 확신하고 혼자 놀 수 있는 것이지요.

발달 이론에 보면 '대상 항상성' 또는 '대상 영속성'이라는 단어로 이를 설명합니다. 아이가 성장하면서 눈에 보이지 않아도 실존한다는 마음의 힘이 만들지는 것입니다.

이런 마음의 능력은 좋은 애착이 형성되어야만 가능합니다. 만일 애착 형성이 건강하게 이루어지지 않았다면 '분리 불안'이라는 현상을 겪게 됩니다. 이렇듯 좋은 관계의 형성은 눈앞에 보이지 않아도 실존하는 대상에 대한 믿음으로 발전하여 사랑을 주었던 대상과의 분리를 가능하게 만듭니다.

엄마의 배 속에서 있던 아이가 불안을 무릅쓰고 세상으로 나온 것은 모태에서의 생물학적, 정서적 관계가 그 바탕에 있습니다. 그리고 어린아이가 혼자 있을 수 있는 힘은 애착 관계의 형성 여부에 달려 있습니다.

자녀들이 성장하여 약 12세가량이 되면 정서적으로도 분리되는 시간이 찾아옵니다. 아이들의 발달은 누구나 같은 속도로 발달하지는 않습니다. 그러나 청소년기가 되면 공통적으로 시작하는 현상이 있는데 그것은 부모로부터 분리되는 것입니다.

자녀들이 부모로부터 일기장을 숨기기 시작할 때가 있습니다. 그

때 부모는 더욱 호기심이 일어 비밀스러운 일기장을 보려고 하지요. 사실 애써서 일기를 본다고 해도 별 것이 없는 경우가 많습니다. 부모는 아이가 자신만의 분리된 시간과 공간을 만들려고 하는 성장의 신호를 알아차려야 합니다. 청소년기 중에서도 특히 사춘기라 부르는 시간이 되면 지금까지 하지 않았던 행동을 하기 시작합니다. 예를 들어 볼까요?

- 엄마가 사 준 옷 입지 않기
- 엄마와 장 보러 함께 가지 않기
- 방문을 닫고 혼자 시간 보내기
- 부모 몰래 친구와 SNS로 대화하기

사춘기 전까지 부모와 모든 것을 공유하여 통제가 가능했던 자녀가 갑자기 돌변해서 자신만의 물리적, 정서적 공간을 확보할 때 부모들은 무척 당황하게 됩니다. 때로는 호기심으로, 때로는 불안감으로 자녀를 더욱 통제하려고 시도하게 되지요.

그러나 부모와 분리되려고 하는 행동은 성장을 말해 주는 반증일 수 있습니다. 어릴 때는 부모가 가르쳐 준 규칙 안에서 시간을 잘 지키고, 안전한 공간에서 노는 것이 성장에 중요했습니다. 그러나 청소년기에는 부모와 분리되는 것이 중요합니다.

만일 자녀가 엄마가 사 준 옷을 지금까지 아무 말 없이 잘 입고 있거나, 방문을 활짝 열어 놓고 있다면 아직 사춘기의 성장을 겪고 있지 않다는 증거입니다. 사춘기를 겪지 않는다고 해서 좋아할 이유는 없습니다. 아직 사춘기까지 성장하지 못했기 때문입니다.

청소년기에 분리를 경험하지 못한 사람은 청년기 혹은 중년기에 접어들면서 오춘기를 겪습니다. 청소년 지도자들은 이 현상을 '지랄병 총량의 법칙'이라고 말하곤 합니다. 언젠가는 분리 현상을 겪게 된다는 말이지요. 누군가로부터 분리된다는 것은 쉬운 일이 아닙니다. 특히 그 대상이 사랑하는 사람일 때 더욱 어렵습니다.

아이가 엄마 배 속에서 일정 시간이 지나면 살기 위해 세상 밖으로 나오듯이 사춘기 아이들도 정서적으로 살기 위해서라도 부모의 정서적 배 속에서 분리되는 것입니다. 누구나 처음 겪는 현상이기 때문에 두렵지만 자녀가 성장하고 있다는 증거입니다.

이런 시기에 부모가 해 주어야 할 몇 가지 일이 있습니다. 첫째로 아무리 부모라 하더라도 자녀의 경계(Boundary)를 존중해야 합니다. 정서적인 경계를 인정해야 합니다.

자녀의 정서적 경계가 만들어지면 "No!"라는 단어를 많이 듣게 되지요. 부모나 어른들의 말을 듣지 않기 시작합니다. 왜 그럴까요? 이제는 자신의 계획과 중요한 일이 만들어졌기 때문입니다. "No!"라고 말하는 자녀에게 화내지 마세요. 성장의 신호로 받아들이시길 바랍니다. 분명 무언가 그들만의 이유가 있을 것입니다.

두 번째로 물리적인 공간을 만들어 주어야 합니다. 특히 남자아이일 경우 더욱 더 자신만의 공간이 필요합니다. 이 부분은 남자 어른도 마찬가지이지요. 자신만이 혼자 있을 수 있는 내밀한 공간은 자아에 정서적 안정감을 줍니다. 그래서 집을 지을 때는 작더라도 자신만의 공간을 만드는 것이 중요합니다.

청소년기가 된 자녀들에게도 자신만의 공간이 있어야 합니다. 자녀의 방문을 아무렇게나 열고 들어가는 것은 자녀의 공간을 인정하지 않는다는 신호입니다. 그런 일이 반복되면 자녀들은 안에서 문을 잠그게 됩니다. 물론 그렇게 되면 부모는 더 불안해지겠지요.

저의 사춘기를 생각해 보면 그 당시 집이 꽤 컸는데, 안방으로 통하는 부엌 위에 다락이 있었습니다. 책과 오래된 짐들로 인해 쾌쾌한 냄새가 나는 곳이었지만 소년이었던 저에게는 보물 창고와도 같은 공간이었습니다. 학교에 다녀와 그곳에 올라가 있으면 어느 누구의 방해도 받지 않았기 때문입니다. 우리 아이들에게 그런 정서적인 다락방이 필요합니다.

세 번째로 자녀의 주도적인 선택권을 존중해 주세요. 사춘기가 되면 부모님이 사 준 옷을 입지 않습니다. 주 양육자인 어른들과는 다른 취향을 갖게 됩니다. 다른 취향을 통해서 자신이 부모 세대와는 다른 존재라는 것을 나타내고, 자신의 정체성을 말하고 싶어 합니다.

이런 심리 상태를 모르는 부모는 자녀가 기뻐할 것을 기대하며 직접 고른 옷이나 운동화 등을 선물합니다. 그러나 그것을 입거나 들고 다니지 않는 아이를 보면서 실망하고, 때로는 화가 나기도 하지요. 사춘기 이전에는 자녀를 위해 대부분의 선택을 부모가 했다면 이제 사춘기에 접어든 자녀에게 선택의 권한을 넘겨주어야 합니다.

가정에서 중요한 선택을 할 때도 자녀가 의견을 말할 수 있도록 하는 것이 성장에 유익합니다. 예를 들어 이사 계획이 있다면 자녀의 의견을 물으십시오. 그것이 힘들다면 작게나마 자신의 방 정도는 벽지를 선택한다거나 스스로 꾸밀 수 있도록 선택의 기회를 주어야 합니다. 성장기 자녀에게 자기주도적인 선택이 중요한 이유는 선택권을 가져야 책임 의식도 함께 만들어지기 때문입니다.

인간은 자신이 선택하지 않은 것은 책임지려고 하지 않습니다. 그렇기 때문에 작지만 선택하고 책임지게 하는 훈련이 청소년기에 겪어야 할 중요한 성장 과업입니다.

만일 자녀의 경계를 인정하지 않고 시간과 공간 그리고 정서적인 부분까지 부모가 계속해서 통제하려고 한다면 어떤 일이 벌어질까요? 극단적으로는 두 가지 현상이 벌어질 것입니다.

먼저는 자녀가 아무것도 선택하지 않고 부모를 따르는 것입니다. 어쩌면 사회는 이런 아이들을 모범생이라고 부를 수 있습니다. 부모로서는 말 잘 듣는 아이를 키우기 때문에 좋다고 할 수 있지만 청년기가 되면 더 큰 문제에 봉착합니다. '선택 장애'라는 말을 들어보셨나요? 몸은 성장했어도 마음은 그대로이기 때문에 정서적으로 한 구석이 '어른 아이'로 남아 있을 가능성이 높습니다. 때문에 청소년기에 말을 잘 듣는다고 해서 좋아할 일이 아닙니다.

다른 극단은 어떻게 해서라도 부모의 통제에서 벗어나고자 할 수 있습니다. 이런 아이들은 에너지가 많을 가능성이 높습니다. 마음의 에너지가 높기 때문에 힘도 있고, 자신의 의견도 뚜렷합니다. 어느 때이건 간에 자신이 부모보다 강해졌다고 생각하면 경계를 형성하려고 할 것입니다.

사회에서는 이런 아이들을 문제아로 취급합니다. 그런데 어쩌면 반대편에 있는 순종적인 예스맨들보다 더 건강할 수 있습니다. 청소년기에 말을 듣지 않는다고 걱정하지 마세요. 자신의 삶의 경계를 만들고 있는 중입니다.

여러 청소년을 만나면서 '아니오'라고 말하기 힘들어하는 친구들을 경험합니다. 그들은 대부분 순종을 강조하는 가정에서 성장했습니다. 다른 사람의 의견에 반대하는 것이 어려운 친구들입니다.

그러다 보니 대학생이 되고, 사회생활을 할 때도 거절의 기술이 없어 고민합니다. 자신이 누군가의 제안을 거절할 때 그 사람 자체를 거부하는 것 같은 부담을 느낍니다. 청소년 시절 'No'라고 말하는 훈련이 되지 못한 결과입니다.

08

경쟁보다 협력이 더 좋은 결과를 가져온다

다른 사람 없이는 나 자신도 없다.
- 레프 비고츠키

교육에 있어 경쟁과 협력 중 어떤 방식이 더 좋은 결과를 가져올까요? 이것은 매우 중요한 교육적 토론 거리였습니다. 여러분은 어떻게 생각하시나요? 우리 사회는 아주 오래 전부터 경쟁이 교육적 성취를 이루는 데 중요한 원리라고 주입시켰습니다.

학교에서는 누가 더 빠른 시간 안에 많은 내용을 정확하게 이해하고 암기하느냐를 평가하며 아이들의 우열을 가려 왔습니다. 이렇게 경쟁이라는 개념은 어린 시절부터 우리의 뼛속까지 심겨져 있는 교육 철학입니다.

리처드 도킨스(Clinton Richard Dawkins)의 『이기적 유전자』를 보면 인간은 끊임없는 경쟁의 결과로 지금까지 진화했다고 주장합니다. 이러한 그의 주장은 설득력을 바탕으로 많은 과학자와 지식인, 대중의 지지를 받고 있습니다. 하지만 우리는 삶에서 협력이 더 좋은 결과를 가져온다는 것을 경험적으로 알고 있습니다. 과연 경쟁과 협력 중에 어떤 것이 좋은 결과를 가져올까요?

만약 학교에서 지금처럼 일정한 범위 안에 있는 지식을 누가 더 빠르고 정확하게 암기하는가를 측정한다면 경쟁을 위한 '개별적 학습'이 훨씬 더 유리할 수 있습니다. 그리고 지금까지는 이런 방식이 대세를 이루어 왔지요.

그러나 이제 사회적 환경이 급격하게 변하고 있습니다. 이 사회에서는 누가 많은 정보를 가지고 있는지는 그렇게 중요하지 않습니다. 필요하다면 인터넷을 통해 원하는 정보를 빠르고 쉽게 찾을 수 있으니까요. 정확하게 암기를 해야 할 이유도 사라지고 있습니다.

여러 영역의 정보가 홍수처럼 쏟아지고 있기에 자신과 다른 영역의 사람들과 함께 일할 수 있는 능력이 중요해졌습니다. 이제는 정보를 해석할 수 있는 능력이 있어야 하고, 그 능력은 다양한 영역에서 만들어집니다. 결과적으로 다양한 인재 간의 협업이 불가피합니다. 이런 이유로 미래 사회에 필요한 역량을 이야기할 때 협업 능력이 빠지지 않고 등장하는 것입니다.

개별 학습에서 경쟁을 하며 성장했던 부모 세대와는 완전히 다른 세상이 열리게 된 것입니다. 사실 교육학자들 사이에서는 경쟁보다 협력이 훨씬 더 좋은 결과를 가져온다는 것이 이미 여러 연구를 통해 증명되었습니다. 미국의 사회학자이자 심리학자 알피 콘(Alfie Kohn)은 저서 『경쟁에 반대한다』에서 여러 연구를 살펴보고 그 결과를 모아 결론을 제시하는 연구 방법인 메타 연구를 통해 경쟁의 결과물을 분석하며 반박을 이어 나갑니다. 결국 그는 경쟁과 협력 중 협력의 손을 들었습니다.

우리 교육 현장에서는 왜 협동 학습보다 경쟁 학습을 선호했을까요? 그 이유는 간단합니다. 과거에는 전달할 지식이 단순했고, 교사의 입장에서는 학생들을 경쟁시켜야 통제하기가 쉬웠기 때문입니다.

수업 시간을 생각해 보면 경쟁을 통한 평가를 할 때와 협력의 과정 통해 평가할 때 어느 쪽이 더 조용하겠습니까? 어느 쪽이 평가자로서 이의 제기를 받는 일이 적을까요? 당연히 경쟁을 통한 평가를 할 때가 편하겠지요.

이런 것이 교육자에게는 경쟁을 도입하게 하는 유혹이 됩니다. 그러나 학습의 결과에서도 협력이 좋고, 사회의 변화도 협력을 요구하고 있다면 당연히 청소년인 자녀들에게 협력을 구체화하여 삶의 원리로 제공해야 합니다.

경쟁적 구조가 만들어지려면 가장 중요한 환경은 '희소성'입니다. 소수의 승자만이 존재할 때 경쟁이 만들어지니까요. 우리 사회가 가지고 있는 잘못된 신념 중 한 가지가 승자와 패자로 가르는 이원론적인 사고입니다.

반대로 협력의 구조를 만들기 위해서는 '긍정적 상호의존성'을 경험해야 합니다. 함께하는 친구들의 성공이 나의 성공이 된다는 것을 경험하는 것이죠. 최근에는 이를 위해 학교에서 소그룹을 이용한 팀별 과제를 하도록 지도합니다. 이러한 학습 방법은 대학에서도 마찬가지입니다.

21세기는 상호 협력을 통해야만 살 수 있는 사회로 더욱 더 나아가고 있습니다. 인류가 협력하고 긍정적인 상호 이익을 찾고 있습니다. 마찬가지로 이러한 세상을 살아가는 방식에도 분명히 서로를 돕는 방식이 더 효율적이고 효과적입니다.

상호의존성을 높이는 가장 중요한 방법은 평가를 어떻게 하느냐에 달려 있습니다. 지금까지 학교가 가지고 있던 평가 방식은 결과 중심이었습니다. 이 방식을 선택한 가장 큰 이유는 효율성과 형평성이겠지요. 적은 시간을 들여 불만 없이 결과를 수용하게 했던 것입니다. 지금이라도 가정과 학교에서 평가의 방식을 변화시켜야 합니다.

평가의 가장 중요한 역할은 아는지 모르는지를 깨닫게 하는 것입니다. 또한 성장을 확인하는 것이 평가의 목적입니다. 그러니 학생들에 따라 평가의 기준과 방식이 달라져야 합니다. 성경에 나오는 달란트 비유처럼 5달란트를 받은 사람이 5달란트를 남겨 온 것과 2달란트 받은 사람이 2달란트를 남겨 온 것이 똑같은 칭찬을 받아야 합니다.

가정에서도 자녀를 바라볼 때 평가의 방식이 중요합니다. 이렇게 평가하는 방식은 자녀의 자존감을 높여 주고, 또 다른 도전을 하게 하며 성장을 이룹니다. 상호협력적 관계를 이루게도 하지요. 다른 친구의 성공이 내 실패가 아닌 서로 성장할 수 있는 기회이기 때문입니다.

타인을 도우며 성취를 이루었던 경험은 자아존중감, 자긍심, 친사회적 행동, 만약의 사건에 대처하는 능력 신장, 자신의 문제 행동 수정 등 긍정적인 경험을 하게 됩니다. 이와 함께 타인을 알고, 신뢰하며, 정확하게 의사소통하고, 서로를 지지하는 '사회적 기술'을 습득하게 됩니다.

어떻게 하면 타인이나 다른 집단을 이길 수 있느냐를 연구하기보다 어떻게 하는 것이 함께 성취를 이룰 수 있는지를 고민하며 성장하게 해 주세요.

긍정적 상호의존성

상호의존성(interdependency)은 인생의 목적을 추구하면서 타인과 단절되지 않고 연결되는 건강한 상태이다. 이는 공동의존 혹은 동반의존성과는 구별되는 개념이다.

가정에서 가족의 삶의 단계와 서로 영향을 주고받는 이론으로 의존성과 독립성 사이에 균형 잡힌 입장이며 분화와 관련이 있다. 가족 간의 상호의존성이 너무 높으면 가족 관계가 독립적이고 자유로운 활동이 제한되고, 상호의존성이 너무 낮으면 가족 관계가 소원하여 가족의 연대 의식이 희미해지는 등 역기능적인 상태가 될 수 있다. 따라서 가족이 적절한 연대감과 자율성을 가지려면 적정 수준의 상호의존성을 유지해야 한다.

아이가 상호의존성을 경험하는 현실적인 적용은 협동 학습이다. 최근 공교육에서 시도하는 혁신학교와 행복학교는 이른바 '모둠 수업'을 권장한다. 과제도 모둠 과제 형태이며. 모두 협동 학습의 일환이라고 할 수 있다. 구성원 모두의 공동 목표를 협동이라는 방법으로 수행할 때 성공적으로 목표에 이를 수 있다는 일종의 사회적 의존성이라 할 것이다.

공동체 의식은 아이들이 가장 많은 영향을 받는 가정에서 가족 구성원의 관계 속에서 형성되고, 획득하며 학습된다. 쿠르트 레빈(Kurt Lewin)은 장 이론(Filed Theory)에서 인간의 행동은 개인과 환경 간 상호 작용의 결과라 했다. 그러나 아이들은 부모와 대면하는 시간보다 스마트폰과 같은 간접 소통 방식에 익숙해져 버렸다. 팬데믹은 이 상황을 더 심화시켰다. 긍정적 상호의존성이 높은 성취를 가져다주며, 긍정적 인간관계로 이끈다는 점을 강조할 때다.

『상호 작용 의례』(어빙 고프만, 진수미 옮김, 아카넷) 참조, 편집부 정리

09

성장 속도는 저마다 다릅니다

생애에서 가장 행복한 날은
성공한 날이 아니라 비탄과 절망 속에서
생과 한 번 부딪혀보겠다는 느낌이 솟아오를 때다.
- 플로베르

표준화란 공장에서 불량률을 줄이기 위해 제품 규격과 숙련공의
일하는 방식까지 기준을 마련하여 규정해 놓은 것으로 이해가 됩니다.

우리 교육 현실은 공교육이 만들어지면서 표준화에 갇혀 버렸습
니다. 학교 교육은 모든 것이 표준화되어 있습니다. 배우는 방식, 배
우는 내용, 평가 방식까지 모든 것이 규격화되어 표준에 맞지 않는 것
은 배척합니다.

심지어 사람의 성장도 표준화하려고 한다는 생각이 듭니다. 인지
적, 정서적 그리고 육체적 성장마저 정상 범위를 만들고 그곳에 아이
들을 맞추려고 노력합니다. 평균에 맞는 보통 노동자들을 만드는 방
식으로 말이지요.

초·중·고를 다니면서 배가 아프다는 핑계로 결석이나 조퇴를 한다든지, 점심을 먹은 후 양호실에서 누워 있는 것이 내심 좋았던 경험이 있을 것입니다. 저는 차마 그럴 용기가 없었지만요. 학교는 왜 그렇게 표준화, 규격화를 내세웠을까요? 다양성과 창의성을 무시한 줄 맞추기와 줄 세우기가 아이들을 힘들게 했습니다.

그래도 다행인 것은 21세기가 되면서 4차 산업 혁명을 말하기 시작했고 인간에게 요구되는 역량이 과거와 많이 달라지고 있다는 것입니다. '협동'이라는 단어는 배웠지만 무한 경쟁 속에 살았고, '창의'라는 단어는 들었지만 사지선다형의 객관식에 잘 적응해 있었습니다. 학교는 과거 시대의 인재를 만들어 내는 기관으로 전락했다는 주장이 결코 과격한 주장이 아니었다는 결론에 이르고 있습니다.

지난해, 유래 없는 팬데믹은 학교의 기능을 다시 생각하게 하는 계기가 되었습니다. 학생들이 학교는 물론이고 학원도 가지 못하게 되니 인터넷을 통해서 학습을 하게 되었지요. 처음에는 헤매기도 했지만 나름 잘 적응하는 모습을 볼 수 있었습니다.

학생들이 학교에 가지 못하게 되었을 때 정작 가장 어려웠던 것은 학생들이 아니라 부모였습니다. 직장을 나가야 하는데 누군가 자녀를 맡아 줄 사람과 기관이 없었던 것입니다. 학교와 학원, 그리고 PC방이 이 나라 아이들의 아지트였습니다.

팬데믹 전과 후가 사람들의 생각과 태도의 많은 부분을 바꾸고 있습니다. 학교는 진정한 자유학기제를 하고 있는 셈입니다. 가정에서 부모와 많은 시간을 보내야 했던 팬데믹 시기는 한편으로 자녀들의 정서에 큰 보탬이 되었으리라 생각합니다.

사실 청소년들이 가정에만 있으면 정서적으로 힘들어하는 경향이 있습니다. 항상 다른 사람들과 비교하여 자신의 위치를 찾았던 방식이 없어지고 경쟁 상대는 오직 어제의 자신이라는 것을 느끼게 되기까지 많은 혼란을 겪습니다. 자신만의 방식과 속도가 있는데 우리는 이 모든 것을 무시하고 평균을 측정하여 표준을 제시하는 구시대의 기준에 살고 있었던 것입니다.

무엇이 우리를 그렇게 바쁘게 살게 했을까요? 열심히 살고 있는 것 같지 않아 보이는 아이들을 향해 재촉했던 부모로서의 모습을 반성합니다. 남들보다 빨리 가야하고, 다른 이들보다 많이 알아야 하며, 누구보다 일찍 일어나야 한다는 과거의 기준으로 미래의 아이들에게 옳다고 여겼던 방식을 제시했던 자신을 돌아보게 됩니다.

홈스쿨러로 살면서 가장 힘들었던 것은 아무것도 하지 않고 잠만 자는 자녀를 발견했을 때였습니다. 매일 아침 일찍 일어나 자신의 계획대로 실천하는 아이가 있는 반면 어떤 아이는 끊임없이 잠만 자는 경우도 있습니다.

그런 아이들을 키우면서 한 가지 배운 것이 있다면 교육은 '믿고 기다리는 것'이라는 사실입니다. 부모로서 믿고 기다리는 것 말고 할 수 있는 것이 많지 않습니다. 특히 자녀가 청소년기가 되면 부모가 무언가 주도하고 계획하려고 하면 진작 알아차리고 반대합니다. 경험에 비추어 보면 참고 기다리는 것이 아니라 믿고 기다리는 것이 부모로서 할 수 있는 최선이었습니다.

홈스쿨을 하며 구체적으로 찾았던 학습 방식은 전체적인 부분과 세부적인 학습 내용을 함께 확인하는 것입니다. 예를 들어 수학을 공부할 때 집합에서 통계까지 여덟 개 단원을 공부하게 됩니다. 우리의 커리큘럼은 나선형 상승 구조를 가지고 있습니다. 초등학교 때 배운 내용이 중학교 1~2학년에 다시 나오고, 중학교 3학년은 심화 학습을 하게 됩니다. 이어 고등학교 1~2학년에도 똑같은 내용을 보다 깊이 배우게 됩니다.

그렇다면 전체 내용에 있어 가장 기본이 되는 원리를 익히는 것이 중요하겠지요. 문제를 많이 풀어 보는 이유는 시간과 오차를 줄이기 위한 것입니다. 이러한 내용을 12년간 늘려서 배우는 것도 학습 방식에 있어서 다시 생각해 볼 문제입니다.

수학을 좋아했던 둘째는 전체를 보는 눈을 길러 주기 위해 수학의 모든 것을 열 개 특강으로 끝내는 제리 킹(Jerry P. King)의 『10 lesson』을 읽게 했습니다. 중학교 검정고시가 끝나고 이 책을 읽으면서 문제 풀이 식이 아니라 전체 내용을 이해하는 방식으로 집합, 함수, 미적분 그리고 통계까지 마칠 수 있었습니다. 자녀들이 책 읽기를 좋아하고 시간적 여유가 있다면 이 책을 꼭 추천합니다.

미국에서 만들어진 〈칸 아카데미〉는 수학을 익히는데 정말 좋은 방법입니다. 미국 애널리스트였던 살만 칸(Salman Khan)은 원거리에 있는 조카의 수학 공부를 돕기 위해 영상으로 과외를 해 주었고, 그 영상을 온라인을 통해 공유했습니다. 빌 게이츠의 아들은 칸의 강의를 통해 수학을 익히게 되었지요.

그 후 빌 게이츠는 비영리 단체였던 〈칸 아카데미〉를 지원하여 학습을 원하는 전 세계 사람들이 접근할 수 있도록 했습니다.

〈칸 아카데미〉의 특징은 완전 학습에 있습니다. 과목의 전 과정을 분류하고 핵심 개념을 정확히 이해한 후 문제를 90% 이상 풀 수 있을 때 학습 진도를 나가게 하지요. 이 방식은 완전 학습을 할 수 있도록 지도합니다.

학교에서는 60점을 맞아도 다음 학년으로 올라갈 수 있습니다. 그러나 60점 맞은 과목은 학습자에게 있어서 완전 학습이 되지 않은 상태입니다. 이 상황에서 다음 학년으로 올라가면 더 깊은 내용을 배울 수 없고, 학습의 흥미가 떨어지게 됩니다.

개별 학습, 완전 학습을 통해서 스스로 익히게 만든 것이 〈칸 아카데미〉의 가장 큰 강점입니다. 지금은 한국어로도 번역 서비스를 제공하는 과목들이 만들어졌습니다. 학습에 있어서도 자신만의 속도로 완전 학습을 이루어 가야 합니다.

아이들은 저마다의 속도가 있습니다. 둘째 승훈이는 중학 과정까지 홈스쿨을 하다가 고등학교부터 공교육의 시스템 안에 들어갔습니다. 승훈이에 의하면 학교를 다니지 않다가 학교에 다니는 것이 무척 힘들었다고 합니다. 게다가 선생님도 "너같이 학교 밖에 있다가 온 아이들은 적응하기 어렵다"라고 말했다고 합니다.

그럼에도 불구하고 아이는 자신이 학교에 다니는 의미를 찾기 위해 학교에서 이것저것 시도하기 시작했습니다.

뭐라도 쉬지 않고 하던 승훈이는 고등학교 2학년이 되자 이른 봄부터 삽과 물통을 가지고 등교하기 시작하더니 어느 날은 싹 난 감자를, 어느 날은 다알리아 씨앗을 챙겨서 학교에 갔습니다. 그러고는 점심시간이 되면 교실에서 사라졌다고 합니다.

운동장 뒤편의 버려진 땅에서 무언가 하고 있었습니다. 하루는 교감 선생님이 왜 자꾸 사람이 없는 곳에 다녀오느냐고 물었다더군요. 아들은 선생님께 운동장 뒤편의 버려진 땅에서 친구들이 나쁜 일을 일삼는다며 그곳을 멋지게 꾸며 보고 싶다고 했습니다.

자신의 행동을 통해 친구들에게 무언가 메시지를 주고 싶었던 것 같습니다. 식물을 심고, 작물을 재배함으로써 그 땅을 희망이 싹트는 곳으로 만들어 보고 싶었다고 했습니다.

인문계 고등학교에서 보기 드문 엉뚱한 학생을 발견한 교감 선생님은 농사 동아리를 만들어 보는 것이 어떻겠냐고 제안하셨습니다. 많은 친구가 농사 동아리에 가입을 했고, 동아리 이름은 '개척자'로 정해졌습니다.

어려서부터 혼자 무언가를 했던 아이는 규격화된 학교생활 속에서도 스스로 할 수 있는 일을 찾아 혼자 시작했고, 나중에는 친구들을 모아 함께 했습니다.

아이들은 돌을 골라내고 땅을 개간하여 상추, 오이, 토마토 등 농작물을 심었습니다. 매일 아침 일찍 등교하여 농작물에 물을 주었지요. 주말에는 비료를 가져가야 한다며 차로 학교까지 태워 달라는 요청을 하기도 했습니다. 우리 가족은 그 땅을 '에덴의 동쪽'이라고 불렀습니다. 학창 시절 동아리 활동은 학생들에게 사회적 기술을 알게 하는 중요한 일입니다.

자기가 주도적으로 문제를 발견하고 이를 해결하고자 뭐라도 하는 아이들은 자신뿐만 아니라 자신을 둘러싸고 있는 환경을 변화시킵니다. 그런 노력은 삶의 의미와 목적과도 연결되어 있습니다.

승훈이를 키우면서 스스로 무언가 시도하는 젊은이들을 위해 할수 있는 일은 지지와 격려, 그리고 기다림이라는 것을 다시 한번 깨닫습니다.

2학년 2학기가 되었을 때 승훈이는 또 다른 도전을 시작했습니다. 그 당시 로봇과 3D 프린터, 드론 같은 것이 유행했습니다. 무언가 손으로 만드는 것을 좋아했던 터라 인문계 고등학교에서는 이런 것을 배울 기회가 없다는 것을 알고 경기도 교육청에서 추진하는 '꿈의 학교'에 지원했습니다.

동아리 이름은 직립 보행이라는 뜻을 가진 '라미듀스'로 정하고 여

자기가 주도적으로 문제를 발견하고 이를 해결하고자
뭐라도 하는 아이들은 자신뿐만 아니라
자신을 둘러싸고 있는 환경을 변화시킵니다.

러 가지 과학 실험을 위해 사업비 7백만 원을 요청했습니다. 1차 서류 합격 후 2차로 용인시 교육지원청에 가서 사업에 대한 발표를 해 5백만 원이 넘는 지원금을 받았습니다.

그 후 2학년 2학기 내내 학교에 남아 친구들과 동아리 활동을 진행했습니다. 그 결과 사람의 손과 컴퓨터를 연결하여 움직이는 로봇 팔을 만들었고, 드론을 날려 보았으며, 3D 프린터를 작동해 보는 경험도 했습니다.

중학교 시절 자신만의 시간과 공간 속에서 여러 가지 도전을 하며 지냈던 경험이 무언가 집중하고 에너지를 쏟을 수 있는 힘을 주었다고 생각합니다.

아이들은 아무것도 하지 않고 있는 것 같지만 실상은 그렇지 않습니다. 자신만의 시간을 가지고 자신만의 속도로 성장하고 있었던 것입니다. 만일 아들의 성장기에 부모가 주도해서 무언가를 계속 주입했다면 주도적인 모습을 찾아보기는 어려웠을 것입니다.

아이들은 무언가를 스스로 터득할 때 그것을 내면화된 지식으로 만듭니다. 그때 충분한 시간이 필요하지요. 기다려 주면 내면화시킨 지식을 다른 곳에 적용하려는 시도를 하는데 그것을 교육학에서는 '전이(Transfer)'라고 합니다.

전이된 지식은 절대로 잊을 수 없는 자산이 되어 자연스럽게 지식이 성장하는 것을 경험하게 됩니다. 우리 사회가 아이들의 이런 자연스러운 성장에 너무 관대하지 못했음을 깨닫습니다.

2학년 2학기까지 이렇게 자신만의 세계에서 무언가 열심히 하면서 지냈던 아들이 제게 질문을 던졌습니다.

"아빠! 학교에 남아서 선생님들의 주도하에 공부하는 아이들이 정말 공부가 좋아서 남아있는 것 같지 않아요."

"그럼 왜 남아서 공부한다고 생각해?"

"다들 무언가를 혼자서 하는 것이 두려워서 학교에 남아 공부하고, 학원에 다니는 것 같아요."

"그렇구나. 그런데 넌 왜 학교에 남아서 공부해?"

"아이들은 선생님들의 감시를 받으며 공부하는 거고요. 저는 공부가 혼자서도 할 수 있는 즐겁고 재미있는 것이란 사실을 학교에 매여있는 친구들에게 알려 주고 싶어서요."

"친구들에게 어떻게 알려 줄 건데?"

"학교를 그만 두려고요. 저는 야간 자습도 안 하고 학원도 다니지 않는데, 만약 제가 전교 1등을 하면 아이들이 놀라겠지요? 그리고 그렇게 두려워했던 공부가 아무것도 아니라는 걸 제가 학교를 그만두면 깨닫게 되겠죠."

엉뚱한 발상이지만 틀린 말도 아니고, 무언가 하겠다고 했을 때 말린다고 될 일도 아니라서 전교 1등을 하면 학교를 그만 두는 것에 동의했습니다. 내심 아들의 계획이 가능성이 없다고 생각을 했고, 그저 열심히 공부를 한다는 말에 허락한 것이었지요. 2학기 기말고사를 끝내고 가져온 결과는 예상대로 학교를 그만둘 이유가 되지 못했습니다. 그런데 문제는 3학년이 되면서였습니다.

3학년 1학기에 학교를 그만두어도 될 만한 결과를 가져왔습니다. 3학년 때 학교를 그만두면 자연스럽게 재수를 해야 하고 모든 것이 1년 이상 미루어진다는 것은 분명한 사실이었습니다. 학교의 진학 담당 선생님은 이런 결과를 보고 1학년 때부터 잘했으면 좋은 대학에 갈 수 있었는데 아쉽다는 말씀을 하셨습니다.

3학년 말이 되면서 친구들이 수시 원서를 쓰기 시작했고 아들도 원서를 썼습니다. 과학을 좋아해서 과학 기술 관련 대학과 전공을 선택했지만 모든 대학에서 불합격 소식을 받았습니다.

학교에서 졸업 앨범을 신청하라는 연락을 받은 승훈이는 앨범을 신청하지 않겠다고 했습니다. 이유를 물었더니 "교장 선생님이 서울에 있는 괜찮은 대학에 입학한 친구들만 불러 앨범에 넣을 사진을 찍었어요."라는 대답이 돌아왔습니다.

학교에서 학생들을 차별하고, 경쟁시키고, 두려움을 조장하는 것이 아들의 생각에는 잘못된 것이었기에 졸업 앨범도 의미가 없다고 스스로 결론을 내렸던 것이었지요. 물론 학교가 다른 생각이 있었을 수도 있습니다. 하지만 학생으로서는 충분히 그렇게 생각할 수 있겠다는 판단이 들어 졸업 앨범 신청을 강요하지 않았습니다.

그런데 큰 반전이 되는 사건이 벌어졌습니다. 1월이 되었고, 모든 학교에 떨어졌다는 것을 알게 되면서 승훈이는 재수를 준비했습니다. 새해 첫날부터 3일간 아내와 신년 금식을 하면서 한 해의 계획을 묵상

하고 있을 때였습니다. 금식 마지막 날 점심까지 금식을 하고 오후 2시 경이 되었는데 울산에 있는 과학기술원(UNIST)에서 연락이 왔습니다. 승훈이가 추가 모집에 합격했는데 등록을 하겠냐는 내용이었습니다. 당연히 등록 의사를 밝히고 아들에게 기쁜 소식을 전했습니다. 가족 모두가 너무나 감사했습니다.

그런데 아들은 고등학교에 합격 소식을 알리지 않기를 바랐습니다. 학교에 알리게 되면 학교가 또 자랑을 하게 될 테고, 후배들에게도 부담을 줄 것 같다는 이유에서였습니다. 해서 졸업할 때는 친구들조차 아들의 대학 진학 소식을 몰랐습니다. 어느 정도 기간이 지나 2학년이 되고 나서야 학교에서 알게 되었지요. 감사하게도 모교에 초대되어 후배들에게 격려의 말을 전하기도 했습니다.

이처럼 아이가 자신 속도에 맞춰 이루어 나가도록 기다려 주어야 합니다. '저 아이가 도대체 뭘 하고 있는 거지?'라는 생각이 들더라도 기다리는 지혜가 필요합니다.

아이는 나름대로 에너지를 충전하고 더 높이 비상할 준비를 하고 있는 것일지도 모릅니다. 아이들의 성장은 기쁨입니다. 기다리면 반드시 자녀의 성장과 마주하게 됩니다.

승훈이는 대학에 다니면서도 여러 가지 도전을 했고 실패와 성공을 경험하고 있습니다. 지금은 또 하나의 도전으로 해병대에 지원하여 백령도에서 군복무를 하고 있습니다.

10

성장 원리, 자신만의 시간이 필요합니다

과거는 변명으로 지울 수 없다.
지금 내 모습과 현재 내 성과들로 덮어지는 것이다.
- 웬델 베리

부모님들에게 강의를 할 때 "여러분! 꽃은 몇 월에 피는 것이 정상인가요?"라는 질문을 던지곤 합니다. 그러면 많은 분이 4월 또는 5월이라고 답을 하지요.

그러나 조금만 더 생각해 보면 질문부터 잘못되었다는 것을 알 수 있습니다. 꽃은 피는 시기에 따라 정상이 되고 비정상이 되는 것이 아니라 종류별로 자신만의 시간이 있습니다. 마찬가지로 사람도 존재의 꽃을 피울 때 표준화된 시간이 있는 것이 아닙니다. 각자의 시간표가 있기 마련이지요.

하지만 산업화와 도시화는 이렇듯 자연스러운 성장 원리를 빼앗아 버렸습니다. 영국의 산업 혁명 이후 교육자들은 사람도 공장에서 만들어 내는 생산품처럼 찍어 낼 수 있다는 생각을 했던 것 같습니다. 근대화 이후에 만들어진 학교 역시 철저히 표준화의 원리에 의한 학령제로 운영되어 지금에 이르렀습니다.

발달심리학의 대표적인 학자인 피아제(Jean Piaget)는 표준화된 발달 단계를 제시하며 아이들이 성장(연령)에 따라 학습 능력이 결정된다고 주장했습니다. 이에 학령기에 따른 학습 내용을 만들었고, 따라오지 못하는 학생은 특수 교육이 필요한 것으로 간주했습니다.

그러나 인간 모두에게 시대와 문화를 막론하고 적용할 수 있는 발달 단계와 시간이 정해져 있다는 것은 받아들이기 힘든 이론입니다.

누구나 자신만의 속도가 있다고 앞서 말씀드렸습니다. 이제 중요한 것은 누가 빨리 가는가를 측정하기보다 누가 멀리 갈 수 있는가를 찾아야 합니다. 비록 남들처럼 속도가 빠르지 않다 할지라도 무언가를 좋아하고 즐기는 사람들은 오래 할 수 있고 멀리 갈 수 있게 됩니다. 이를 일컬어 '잠재력(potentiality)'이라고 합니다.

아이들의 성장에서도 가장 중요한 것은 좋아하는 것을 찾아 주는 것입니다. 여러 가지 좋아하는 것을 할 수 있도록 하고 그중에 잘하는 것을 찾게 해 주는 성장 활동이 필요합니다.

토고의 국가대표 축구선수 엠마누엘 아데바요르(Emmanuel Adebayor)를 아시나요? 그는 1984년 생으로 아프리카 토고에서 태어나 축구선수로 이름을 날렸습니다. 세계적으로 유명한 프로팀인 아스날, 맨

체스터 시티 그리고 손흥민이 뛰고 있는 토트넘 홋스퍼에서 활약했습니다. 그의 어린 시절을 돌아보면 큰 반전이 있습니다.

그는 네 살 때까지 걷지 못했습니다. 가족들은 걱정이 되었지만 할 수 있는 일이 없었다고 합니다. 그러던 어느 날 교회 앞마당에서 아이들이 축구공을 차며 뛰놀던 모습을 보고는 자신도 공을 차고 싶다는 간절한 소망을 가졌다고 합니다. 그 후 기적처럼 걷기 시작했고, 공을 차고, 심지어 유럽 최고의 축구선수 중 한 명이 되었습니다.

이런 종류의 이야기는 많습니다. 발명왕 토마스 에디슨(Thomas Alva Edison)은 "이 아이에게는 어떠한 지적인 능력도 발견할 수 없다" 던 초등학교 선생님의 평가가 있었으며, 파블로 피카소(Pablo Ruiz Picasso)는 성인이 되어서도 읽고 쓰는 언어 능력에서 심각한 장애를 앓았다고 하지요. 그럼에도 불구하고 그들은 자신만의 모습으로 꽃을 피웠습니다.

다시 꽃 이야기로 돌아가겠습니다. 꽃이 피어야 하는 시기에 관한 질문의 정답은 "꽃은 필 때 피는 것이다"입니다. 대다수의 꽃은 4월 또는 5월에 개화하지만 가을에 피는 코스모스와 같은 꽃도 있습니다. 심지어 동백꽃은 겨울에 피지요. 꽃마다 피는 시기가 제각각이듯 사람들에게도 자신만의 시간이 있습니다.

초등학교에 입학할 때 한글을 모르면 친구들에게 뒤처져 있다는 생각에 눈치를 보게 됩니다. 그래서 부모들은 자녀가 학교에 들어가기 전에 학교에서 배울 것들을 미리 가르쳐 주며 선행 학습을 시작합니다. 개인적으로 공부에 관해서는 배움이 필요할 때(needs) 자연스럽게 익히면 된다는 신념을 가지고 있습니다. 때가 되면 쉽게 배울 수 있는 것을 미리 배우게 하느라 자녀에게 스트레스를 줄 필요가 없습니다.

저희 집 둘째 승훈이는 초등학교에 들어갈 때까지 한글을 배우지 않았습니다. 하루는 집에 들른 어머니가 어떻게 한글도 가르치지 않은 채 학교에 들여보냈냐며 한숨을 쉬셨습니다.

우리 부부는 무슨 용기에서인지 그건 학교에서 선생님이 가르치는 것이라고 주장했지요. 그러고는 늦게 배우면 금방 깨우칠 수 있는 일을 어린아이들에게 미리 배우게 하는 것은 사서 고생을 하는 일이라고 말씀드렸습니다.

시간이 지나면서 우리 부부의 의견이 옳았다는 것을 어렵지 않게 확인할 수 있었습니다.

초등학교에 들어가서야 한글을 배운 승훈이는 선행 학습 때문에 흥미도가 떨어지는 일 없이 오랜 시간 배우지 않고도 효율적으로 한글을 읽고 쓰게 되었습니다.

다른 과목도 같은 방식으로 학습했습니다. 흥미를 잃지 않고 학습을 함으로써 멀리 갈 수 있었습니다. 항상 느린 것 같지만 멀리 가는 것이 장점인 아이이지요.

홈스쿨을 하다가 고등학교에 입학했을 때도 처음에는 어려움을 겪었습니다. 고등학교 1학년 수학 시간에 다른 친구들은 하나같이 선생님의 설명을 모두 알아듣는 것 같은 분위기였다고 합니다. 심지어 어떤 친구들은 이미 배운 것이라 지루함을 느끼며 졸기도 했다더군요. 그러나 승훈이는 처음 배우는 것들이라 이해하는데 시간이 걸렸고, 수업 시간에 더욱 집중할 수밖에 없었습니다. 결과적으로 시험 점수가 나오면 사교육을 전혀 받지 않은 승훈이가 좋은 결과를 받았고, 친구들은 그런 아들에 대해 신기하게 생각했습니다.

대학생이 된 후에도 비슷한 일이 벌어졌습니다. 과학기술원에 입학하고 보니 과학고 출신의 친구들이 많았다고 합니다. 그 친구들은 1~2학년 때 일반고 출신 승훈이가 알지 못하는 것들을 이미 경험했습니다. 그러나 시간이 지나면서 승훈이는 점점 자신의 실력에 두각을 나타냈습니다.

변화는 인간의 가장 안정된 상태입니다. 사람들에게는 긍정적 변화와 부정적 변화가 있습니다. 긍정적인 변화를 성장이라고 합니다. 그리고 부정적인 변화를 퇴화라고 말합니다. 긍정적인 변화를 이끌어내기 위해서는 내면의 힘과 환경 모두 중요합니다.

자녀들의 몸과 마음은 날마다 성장합니다. 거북이처럼 천천히 가도 현실을 즐기며 계속해서 전진할 수 있는 능력이 진정한 실력입니다.

영혼은 뜨거운 존재, 스파크로 드러납니다

위대한 인물에게는 목표가 있고,
평범한 사람들에게는 소망이 있을 뿐이다.
- 워싱턴 어빙

오래 전부터 인간의 존재에 대해 단지 육체만을 이야기하지 않았습니다. 고대인들은 육체를 존재를 담고 있는 그릇으로 생각했습니다. 만일 불의에 사고로 육체의 한 부분을 잃는다 해도 그 존재는 변하지 않는 것입니다. 마찬가지로 지적인 능력을 조금 잃었다 하더라도 그 존재는 변한 것이 없습니다.

그렇다면 그 '존재'는 무엇일까요? 여러 문화권의 전통을 살펴보면 인간의 존재를 '불(fire)'로 보았던 공통점이 있습니다. 유대인들은 신의 불꽃이 땅에 내려와 만물 안에 들어가 있다고 여겨 인간이 해야 할 일은 만물에 숨겨져 있는 하나님의 불꽃을 밖으로 드러나게 하는 일이라고 믿었습니다. 신약 성경의 사도행전에도 하나님의 영이 임할 때 불(불의 혀)로 설명합니다.

열정을 이야기 할 때 '뜨거운'이라는 단어를 붙여 꾸미는 경우가 많습니다. 우리 문화 역시 사람의 영혼은 불과 같이 뜨거운 존재라고 믿었던 것입니다. 대부분의 문화권에서 열정을 설명할 때 뜨거운 불로 설명하는 것은 인간에 대한 깨달음을 갖게 합니다.

이제 제가 생각하는 사람의 존재에 관해 이야기하고자 합니다. 모든 아이는 이 땅에 작은 불씨(Sparks)로 왔습니다. 불씨로 이 땅에 보내진 아이들은 자신만의 존재를 나타내는 색깔과 모양이 있지요. 아이들의 작은 불씨만 보아서는 어떤 성장을 하고, 어떤 불꽃이 될 지 알 수 없습니다.

가장 작은 씨앗으로 알려진 겨자씨가 자라서 나무가 되고 그늘을 만들고 열매를 맺을 때 많은 식물이 함께 쉬는 공간이 됩니다. 작은 씨앗처럼 가능성만 있는 아이들이 성장하여 꽃이 되고 열매가 되기를 기대하는 것이 교육입니다.

불씨는 그 환경에 따라 불꽃이 되어 자신의 빛으로 세상을 밝히게 됩니다. 인간의 불꽃은 이 땅에 존재하는 들불과는 다른 특징을 가지고 있습니다.

2020년 개봉한 〈소울(Soul)〉이라는 애니메이션 영화에 스파크에 관한 설명이 정확하게 묘사되었습니다. 학교의 음악 강사였던 조 가드너는 하필 꿈에 그리던 최고의 밴드와 재즈피아노 연주를 하게 된

날 맨홀에 빠져 죽음을 맞이합니다.

조는 그레이트 에프터(Great-After)라고 부르는 사후 세계로 들어가지만 자신의 죽음을 받아들이지 못하고 지구에 내려오기 이전 세계인 그레이트 비포(Great-Before)로 숨어들게 됩니다. 그러다 유 세미나(You-seminar)에 참석하게 되는데 그곳은 지구로 내려가기 전에 영혼들의 스파크는 찾아 주는 멘토를 만나는 곳입니다.

그곳에서 조는 자신은 스파크가 없다면서 지구에 내려가기를 몇백 년간이나 거부하고 있는 22번 영혼을 만납니다. 주인공 조가 22번 영혼에게 스파크를 찾아 주기 위해 지구로 내려와 벌이는 소동이 이 영화의 주된 내용입니다.

여기에서 우리는 스파크에 관한 몇 가지를 알 수 있습니다.

첫째, 지구에 탄생한 모든 인간은 자신만의 스파크를 가지고 있다는 것입니다. 지구에 내려오는 전제 조건이 스파크는 찾는 것이기 때문에 지구에 왔다는 것은 스파크가 있다는 증거입니다.

둘째, 스파크는 단순한 재능이나 삶의 목표가 아니라 영혼의 본질적인 것으로 지능, 재능, 달란트 또는 취미 같은 것보다 더 본질적인 영혼의 모양입니다.

셋째, 자신의 스파크를 찾아서 발현할 때 인간은 몰입과 행복을 경험하게 됩니다. 영화 〈소울〉에서는 이러한 몰입 경험을 주인공의 피아노 연주 장면을 통해 보여줍니다.

들불은 바람이 불면 피어오르다 비가 내리면 꺼집니다. 환경에 따라 많은 변화가 있지요. 그러나 사람의 속을 밝히는 자신만의 고유한 불꽃 즉 스파크는 변하지 않습니다. 교육은 통에 물을 붓는 작업이 아니라 심지에 불을 붙이는 작업입니다.

또한 다른 사람과 같이 훈련되고 길들이는 것이 아니라 자신만의 고유한 것을 밖으로 드러내도록 안내하는 것입니다. 그것이 교육이고 성장입니다. 이러한 교육에 관한 생각은 인간에 관한 철학에서 시작하기 때문에 사람을 어떤 존재로 보느냐가 중요한 것입니다.

고대 사회에서 세상의 중심이라고 생각했던 지중해 문화에는 크게 헬레니즘과 헤브라이즘이 있었습니다. 그리스를 중심으로 한 문화와 세계관을 일컬어 헬레니즘이라 하고, 유대인들을 중심으로 한 세계관을 헤브라이즘이라고 합니다. 이 두 세계관이 로마 제국을 만들었고 서양의 정신 세계를 만들었습니다.

헬레니즘이 만들어진 그리스의 언어에서 인간의 영혼을 나타내는 'Spirit'이라는 단어는 라틴어 'Spiritus'에서 파생되었습니다. Spiritus를 어원으로 하는 단어는 'Spirit'과 'Spark'입니다. 영혼은 곧 불꽃이라고 받아들이는 문화적인 해석이 있었던 것입니다.

이는 인간에 대한 유럽 사회의 시각을 보여줍니다. 그리스뿐만 아니라 여러 민족에게서 불을 인간 영혼의 모습으로 보는 전통이 있고, 심지어 불을 숭배하는 민족도 있습니다.

유럽을 대표하는 또 하나의 문화인 헤브라이즘 역시 인간의 영혼을 불로 보는 전통이 있습니다. 유대인들은 신의 불이 만물에 깃들어 있고 그 불을 드러나게 하는 임무가 인간에게 주어졌다고 생각했습니다. 유대인 세계관의 뿌리가 되는 모세 오경(모세가 집필한 다섯 권의 성경) 중에 출애굽기를 보면 모세가 시내 산에서 하나님과 만나게 되는데 하나님을 떨기나무에 임한 불로 표현합니다. 우리 문화 역시 사람의 영혼을 표현할 때 뜨겁다는 표현을 합니다.

이를 미루어 볼 때 교육은 폭탄의 뇌관에 불을 붙이는 작업입니다. 사람의 마음속에는 불씨가 있기 때문에 점화(Igniting)를 해 주어야 합니다. 그럴 때 불씨는 불꽃으로 타오릅니다.

불씨는 각자만의 색을 지니고 있어 사람의 마음을 불씨로 본다면 사람마다 자신만의 색을 가지고 있습니다. 미국 미네소타에 있는 서치연구소(Search Institute)의 피터 벤슨(Peter Benson) 박사는 평생을 청소년들의 불씨 즉 스파크를 연구했습니다. 그는 북미에 있는 청소년을 조사한 결과 아이들이 가지고 있는 불씨는 약 220가지가 있으며 각자 두세 가지의 불씨가 있다고 주장했습니다.

아이들에게는 자신들이 갖고 있는 불씨를 함께 찾아 주고, 점화해 주고, 지원해 줄 멘토가 필요합니다. 그 멘토는 불씨가 불꽃이 되는 토양을 제공합니다. 한 사람의 지도자를 만난다는 것은 개인적인 만남이 아니라 그 지도자의 생태계를 만나는 것입니다. 그렇게 성장하여 씨가 꽃으로, 꽃은 열매로 성장합니다.

청소년들에게 스파크를 설명하면 100% 그 뜻을 이해합니다. 그리고 3분의 2가량은 자신의 스파크를 이야기합니다. 필자가 현장에서 청소년들에게 스파크를 설명한 후에 스파크가 있는지 물었을 때 한 청소년이 다음과 같이 대답하였습니다.

"선생님이 말씀하신 그 스파크, 저도 있어요. 제 스파크는 이야기 하는 것이에요. 저는 스파크를 구체적으로 말할 수 있어요. 그리고 그게 저에게 꽤 중요하다는 것을 알고 있어요. 그런데 왜 지금까지 제 스파크가 뭐냐고 물어본 어른들이 없었을까요?"

그렇습니다. 이 부분은 청소년들에게 무척 중요합니다. 청소년들은 각자 두세 개의 스파크를 가지고 있습니다. 그것이 삶의 의미를 찾게 하기도 하고, 스트레스를 풀게도 하며, 정서적 에너지를 높여 주기도 합니다. 많은 경우 취미나 직업으로 연결되기도 합니다.

우리 청소년들은 어떨까요? 필자가 함께 해 온 단체의 이름은 청소년불씨운동(YSM: Youth Spark Movement)입니다. 25년 전부터 이런 내용을 바탕으로 청소년 안에 있는 작은 불씨를 찾는 일을 지금까지 하고 있습니다.

최근 청소년들에게 스파크를 설명하면 상당수가 온라인 게임을 떠올립니다. 그러나 스파크는 게임에 몰입하는 것과 무척 흡사하지만 다른 면이 있습니다. 누군가를 도와주고 함께해서 자신의 스파크를 발현했을 때 사람들은 기쁜 감정을 느낍니다. 그리고 무언가 자신이 사회에 필요한 존재라는 느낌을 갖습니다.

뿐만 아니라 스스로 시간 감각을 잃게 되는 몰입을 경험합니다. 가장 중요한 점은 그 몰입을 경험할 때 최고의 행복을 느끼고 무언가 좋은 일을 했다는 만족감을 갖게 됩니다. 이런 부분이 게임과 흡사하면서도 분명한 차이점이기에 어렵지 않게 중독과 스파크를 구별할 수 있습니다.

청소년들이 게임에 빠지는 이유는 진짜 자신의 스파크를 찾지 못했기 때문입니다. 스파크는 게임보다 더 재미있는 것이기에 스파크를 찾으면 게임은 안중에도 없게 됩니다. 어떤 아이들은 자신의 스파크를 찾았지만 그것을 중요하다고 인정해 주고 지원해 주는 어른이 없었기 때문에 그 불(Spark)이 그만 꺼져버립니다.

스파크의 경험과 비슷한 게임 속에 빠지는 청소년들을 충분히 이해합니다. 청소년들을 게임 중독에서 빠져나오게 할 수 있는 가장 좋은 방법은 게임을 그만두게 하는 것이 아니라, 그들 마음속 깊이 있는 스파크를 찾고, 발현하고, 지속적으로 할 수 있도록 지지해 주는 것입니다. 가짜는 진짜를 만날 때 소멸됩니다.

오늘 당장 자녀와 함께 스파크가 무엇인지 대화를 나누어 보는 것은 어떨까요? 자녀의 스파크를 찾을 때 가장 좋은 시작은 부모 또는 지도자의 스파크 경험을 소개하는 것입니다. 스파크가 무엇인지, 언제 경험했는지, 어디에서 경험했는지, 누가 지원해 주고 있는지를 찾아 이야기할 때 자녀의 눈빛은 별처럼 초롱초롱 빛나게 될 것입니다.

01 음악(악기) 피아노, 기타, 바이올린, 첼로, 색소폰, 클라리넷, 베이스, 드럼, 타악기, 트럼펫 트롬본, 하모니카, 아코디언 등

02 음악(지휘) 합창단 지휘, 밴드 지휘, 오케스트라 지휘 등

03 음악(작사, 작곡) 가사 쓰기, 악보 작성, 비트 만들기, 힙합(랩) 작곡, 동요 작곡 등

04 음악(공연) 합창단에서 노래하기, 독창이나 솔로 연주, 밴드, 오케스트라 등

05 미술 그림, 소묘, 스케치, 조각, 그래픽 아트, 도자기, 삽화 등

06 글쓰기 시, 희곡, 동화, 소설, 비소설, 일기 등

07 무용/율동 현대 무용, 사교 무용, 고전 무용, 응원단, 격투기, 브레이크 댄스 등

08 기타 창의적인 예술, 요리, 바느질, 의상디자인, 뜨개질, 마술 등

09 건축과 디자인 목공, 가구 제작, 건설, 제도, 건축, 도배 등

10 리더십 문제 해결, 사람끼리 연결하기, 동기 부여, 갈등 해결, 학생회, 시민 의사 결정, 위원회와 이사회 참여하기, 동아리 임원하기 등

11 기업 경영 사업계획서 작성, 영업, 판매, 경영, 창안, 신제품 개발, 서비스 계획 등

12 스포츠와 운동 경기 농구, 축구, 테니스, 골프, 야구, 육상, 스케이트보드, 스키, 조정, 승마, 레슬링, 체조, 볼링, 하키, 양궁, 컨디션 조절, 수영, 배구, 역도 등

13 공부 과학, 수학, 고고학, 역사, 문학, 언어, 정치학, 종교, 심리학, 인류학, 지리, 사회학 등

14 가르치기 수영, 암벽 타기, 응급 치료, 심폐기능 소생, 컴퓨터, 심리학, 인류학, 지리, 사회학 등

15 인간관계 친구 사귀기, 친구 도와주기, 싸움 중재하기, 감정 이입, 인간 연구 등

16 자원봉사 더 살기 좋은 지역 사회 만들기, 자원봉사, 다른 사람 돕기, 어린이 돕기, 개인 교사, 조언, 상담 등

17 자연, 생태, 환경 자연계 탐사, 멸종 위기 생물종 보호, 야생 생물 보호, 자연 보호, 식물 분류, 꽃 키우기, 야생 보존, 정원 가꾸기 등

18 동물 동물 기르기, 동물 보살피기, 동물 훈련하기, 수의학 등

19 컴퓨터 자료 입력, 프로그램 작성, 소프트웨어 개발, 하드웨어, 컴퓨터 수리, 컴퓨터 그래픽, 웹 디자인 등

20 코미디 웃기기, 농담하기, 구성 작가, 즉흥 코미디 등

21 연설 대중 연설, 토론, 방송 등

22 영적 생활 명상, 예배, 의식, 종교 음악, 종교 문서 연구, 통일과 조화의 경험, 초월 상태 경험, 훈련 실습, 기도 등

23 연극 연기, 연출, 조명, 무대 디자인 등

24 사진과 영화 자연 사진, 영화 촬영, 비디오카메라 촬영, 만화영화, 인물 사진, 영화 제작 등

25 특별한 방식으로 생활에 몰두하기 기쁨, 열정, 관용, 다른 사람 보살피기, 낙천주의, 이상주의 등

26 독서 소설, 시, 논픽션, 회고록, 전기, 자서전 등

27 옹호 활동 환경, 어린이, 사회 정의, 학교 개혁 등

28 가족 가족 문화, 가족 돕기, 가족 축하하기, 가족과 함께 지내기 등

29 야외 활동 낚시, 사냥, 야영, 도보 여행, 자전거 타기 등

30 저널리즘 뉴스 진행, 뉴스 작성, 뉴스 편집, 라디오와 TV프로그램 연출 등

31 기계/엔지니어링 전자공학, 자동차 공학, 자동차 음향 장치, 교량 고속도로 설계, 기계 수리, 주문 생산, 로봇 공학 등

32 사회문제 해결 지구온난화, 빈곤, 인종주의, 위험한 환경에 놓인 어린이, 환경 오염, 노숙자 문제 등

출처 : 『SPARKS』(Peter L. Benson, John Wiley&Sons Inc), 『나는 누구인가』(마상욱, YSM출판부)

12

성장 잠재력을 찾으십시오

나무의 나이테가 가르치는 것은 겨울에도 자란다는 사실이다.
겨울에 자란 부분일수록 여름에 자란 부분보다 더 단단하다.

- 신영복

불씨가 불꽃이 되려면 건강한 환경이 있어야 하는데 이를 제공해
주는 가장 가까운 사람은 부모이며 가장 영향력 있는 공동체는 가정
입니다. 이외에 친구와 학교가 있습니다. 좋은 토양에서 좋은 나무가
자라고 건강한 열매가 맺힙니다.

미국의 청소년 활동 특징을 연구해 보면 청소년의 발달에 그 초점
이 맞추어져 있습니다. 이러한 접근은 전통적인 방식과 달리 청소년
을 부정적인 존재가 아닌 긍정적인 존재로 봅니다. 청소년 성장에 관
한 연구는 긍정적인 청소년의 발달을 위해 꼭 필요한 요소를 찾아내
는 방식이며 발달에 필요한 환경을 제공함으로써 성장을 이루게 하는
방식입니다. 부족한 부분이 무엇이고 어떻게 제공할 것인가에 대한

통찰력을 줍니다.

이러한 인간 발달에 관한 연구는 생태학에 그 기원을 두고 있습니다. 식물 생태학과 동물 생태학은 하나의 종만을 연구하던 과거의 방식에서 개체들이 속해 있는 자연을 서로 영향을 주고받는 거대한 유기체로 보는 연구 방식으로의 변화를 가져왔습니다.

만일 숲속에서 농부들에게 피해를 준 늑대들을 모두 잡아 버리면 결과적으로 숲이 황폐해집니다. 육식 동물의 최상위 포식자인 늑대를 없애버림으로써 그들이 조절해 주었던 초식 동물 개체수의 급격한 확대를 가져오기 때문입니다. 초식 동물의 개체가 늘어남에 따라 숲에는 풀이 없어지고 황폐해지는 결과를 가져오는 것이지요. 이 문제의 해결은 늑대를 풀어 놓는 것입니다. 이렇게 자연을 커다란 관계 사슬로 보는 것이 생태학적 접근입니다.

생태학 연구는 인간의 발달 역시 큰 유기체로 보는 눈을 열어 주었습니다. 이러한 연구는 인간의 발달이 사회문화적인 맥락에서 발달한다는 지혜를 제공합니다. 생태학에서 발전한 인간 생태학은 아동의 성장을 환경과 함께 설명합니다. 발달심리학자 유리 브론펜브레너(Urie Bronfenbrenner)는 자신의 생태학적 체계 이론에서 인간 발달을 미시 체계, 중간 체계, 외 체계, 거시 체계 그리고 시간 체계로 나누어 상호작용을 설명하였습니다. 가장 작은 미시 체계에서부터 시간 체계까지 다양한 관계는 아동을 성장시키는 데 큰 영향을 줍니다.

사람의 발달을 생태학적으로 이해할 때 한 사람의 성장을 그 사람이나 부모의 책임으로만 돌리는 오류를 피할 수 있게 됩니다. 따라서 아이들이 성장할 수 있는 토양을 연구해야 합니다. 어떠한 환경적인 요소가 자녀들을 성장시킬 수 있는가를 연구하고 적용해야 합니다. 한 알의 씨앗이 좋은 환경을 만나 성장하고 시간이 지나 열매를 맺는 것과 같은 이치입니다.

열매의 결핍은 나무의 책임보다 환경의 영향이 더 큰 것처럼, 사람의 안에 있는 불씨가 불꽃이 되는 것 역시 환경의 도움이 반드시 필요합니다. 그렇게 성장을 위해 필요한 양분을 외적인 것과 내적인 것으로 나누어 볼 수 있습니다.

먼저 청소년들의 성장을 위한 환경이라고 할 수 있는 외적인 자산은 우리가 말하는 환경입니다. 서치연구소의 연구에 의하면 불씨가 불꽃이 되기 위해 필요한 외적인 자산의 범주에는 '다양한 지원, 권한 부여, 건강한 규칙과 기대, 건설적인 시간 사용'이 있습니다.

첫 번째 다양한 지원에는 가족의 지원, 가족과의 긍정적인 의사소통, 가족 이외의 어른들과의 관계, 가까운 이웃의 존재, 학교의 돌봄, 학교 교육에 대한 부모의 참여가 포함됩니다. 안타깝게도 도시의 핵가족화에 따라 많은 결핍이 발생하고 있습니다. 예를 들어 아파트 문화에 익숙한 청소년들에게는 이웃이라는 개념이 사라져 버렸고, 가정에서 상호 작용을 할 수 있는 시간은 점점 줄어들고 있습니다.

두 번째 권한 부여에는 청소년들을 소중히 여기는 공동체, 사회 일원으로서의 청소년의 역할, 이웃에 대한 봉사, 안전하다고 느끼는 환경이 포함됩니다. 우리 사회나 가정에서 청소년들에게 가장 많은 결핍이 나타나는 부분이지요. 권한을 부여한다는 것은 그들을 우리 사회의 일원으로 인정한다는 것입니다. 청소년들을 미래를 위한 존재가 아니라 현재를 함께 살아가는 동반자로 인식하는 것입니다. 그들의 목소리를 듣고, 봉사 활동과 같은 것들을 통해 사회의 일원임을 깨닫게 해야 합니다.

세 번째 건강한 규칙과 기대에는 가정의 경계, 학교의 경계, 이웃의 경계, 성인의 역할 모델, 긍정적인 또래 영향, 청소년에 대한 높은 기대의 영역이 있습니다. 경계라는 의미를 쉽게 설명하면 규칙과 같은 것입니다. 가정과 학교 그리고 사회가 지키고 있는 유형·무형의 선을 의미합니다. 가정의 경계와 학교의 경계가 일치할 수도 있지만 그렇지 않을 수도 있습니다. 그럴 때 청소년들이 혼란스럽지 않도록 명확히 설명해야 합니다. 예를 들어 사이버 접속, 약물, 알코올 등과 같은 영역에 있어 학교의 규정과 가정 그리고 사회적인 규정이 다를 수 있습니다.

마지막으로 건설적인 시간 사용에는 청소년 활동, 청소년 프로그램, 종교 공동체와 같은 것들이 있습니다. 청소년들이 사용하는 시간 중에 학업 이외에 얼마나 다양한 활동을 하고 있느냐가 그들의 성장에 큰 영향을 미치게 됩니다. 우리의 경우 학교, 학원 그리고 집으로 연결되는 구조 속에서 한쪽으로 편중된 시간 사용을 하고 있지요. 이러한 외적인 성장 자산은 내적인 자산을 만드는 데 영향을 미칩니다.

내적인 자산이란 자신만의 성장 잠재력입니다. 좋은 나무가 되기 위해서는 나무 자체가 건강해야 하듯이 사람도 성장하기 위해서는 자신만의 정서적인 힘과 태도가 건강해야 합니다. 내부에 있는 의지와 습관이 중요합니다.

청소년 시기에 필요한 내적인 자산에는 크게 네 가지가 있습니다. '학습에 관한 태도, 긍정적인 가치, 사회적 역량, 긍정적인 자아상'입니다. 각 범주에 포함되는 자산은 다음과 같습니다.

첫 번째 학습에 관한 태도에는 성적에 관한 동기, 학습 참여, 과제 수행, 학교와의 친밀한 관계, 즐거운 독서 생활이 있습니다. 학습에 관한 긍정적인 태도는 학교생활에 적응하게 하고, 좋은 결과를 얻게 합니다. 외적인 자산으로 만들어진 학습에 관한 긍정적인 태도는 학교에서의 학업 성취로 이어집니다.

두 번째 긍정적인 가치에는 봉사 활동, 사회 정의와 평등, 성실함, 정직함, 책임 의식, 자제력에 관한 태도가 포함됩니다. 이 부분에서 개인과 사회에 관한 긍정적인 가치를 갖게 하므로 건강한 시민으로 성장할 수 있는 토양을 제공하게 됩니다.

세 번째 사회적 역량에는 계획적인 의사 결정, 대인 관계 능력, 문화적 개방성, 저항의 기술, 갈등 해결과 같은 태도가 포함됩니다. 이 부분은 친구를 사귀는 기술과 적절히 유혹을 피할 수 있는 능력을 만들어 줍니다. 사회적 역량이 부족한 경우 친구와의 관계, 교사와의 관계에서 어려움을 겪게 됩니다.

마지막으로 긍정적 자아에는 스스로에 대한 통제 능력, 자존감, 삶의 목표, 미래에 대한 긍정적 시각이 있습니다. 이렇게 제시된 청소년들이 가지고 있는 외적 자산 20가지와 내적 자산 20가지는 그들의 성장에 자산이 됩니다. 전체적인 청소년들은 평균적으로 약 17가지 정도의 자산을 보유하고 있었는데, 사회적인 성취를 이룬 사람들의 경우 이들 40가지의 자산 중에 약 30가지를 가지고 있다는 특징이 있었습니다.

발달 자산에 관한 이해가 중요한 이유는 그동안 청소년들의 성장을 위해 유해 요소를 제거하거나, 문제를 찾아내는 방식으로 접근했다면 이 자산에 관한 이해는 긍정적인 청소년들의 발달(PYD: Positive Youth Development)에 초점을 맞추게 합니다. 청소년들의 건강한 발달을 위해 제공되어야 할 자산을 제시함으로써 부모나 교육 현장에서 긍정적인 접근을 할 수 있게 된 것이지요.

가정에서도 자녀들에게 제공되고 있는 자산을 살펴보면 결핍된 부분이 무엇인지를 찾을 수 있는 지혜를 얻게 됩니다. 자녀에게 어떤 부분을 채워 주어야 하는지를 깨닫게 되지요. 부모가 자녀에게 제공해 주고 있는 외적 자산은 대부분 부모들이 청소년 시기 제공받았던 것들입니다. 조금 더 생각해 보면 자신이 제공받지 못했던 외적 자산들은 자녀들에게 제공하지 못하거나, 중요하다고 생각하지 않을 가능성이 큽니다.

우리 몸을 건강하게 만드는 성분에는 여러 가지가 있고 그중 몇 가지가 결핍되면 질병을 일으키는 이치와 같은 것입니다. 꼭 필요한 영양과 비타민은 약으로 보충하듯이 청소년들의 발달에 필요한 중요한 것들을 체크하고 결핍된 부분을 제공해 주려는 노력은 부모로서 또한 지도자로서 중요한 역할입니다.

청소년불씨운동 내부 세미나에서 지도자들의 청소년 시기 발달 자산을 체크했던 적이 있습니다. 40가지의 자산 중에 참석자 대부분 20가지 안팎의 자산을 보유하고 있었습니다. 그런데 한 지도자가 제게 이런 말을 했습니다. "교수님 저는 청소년 시기 발달 자산 40가지 중에 10가지도 안 되는 자산을 가지고 있었습니다. 제 청소년 시기가 왜 그렇게 힘들었는지 이해가 되더군요. 그런데 10가지도 안 되는 자산 중에 외적인 자산은 가정에서 받은 것이 아니라 모두 시골 교회 사모님이 주셨습니다."라고 말하며 무언가 깨달았다는 표정을 지었습니다. 저도 이 대화를 통해 많은 것을 깨달았습니다.

자녀들에게 어떤 자산을 제공하고 계십니까? 어떤 요소를 제공하지 못하고 있습니까? 제 경험상 내가 받아 보지 못한 것은 다른 사람에게도 줄 수 없습니다. 교육에서도 내가 받아 보지 못한 것은 제공하기가 어렵습니다. 부모들이 열심히 하지만 잘 안 되는 이유가 바로 여기에 있습니다. 자녀들에게 발달 자산을 골고루 제공해 주어야 합니다. 내가 가지고 있는 않은 것은 다른 사람(멘토)을 통해서라도 지원해야 합니다.

청소년을 위한 40가지 발달 자산

외부 자산

범주	이름과 정의
지원	**01 가족 지원** 가정생활에서 높은 수준의 사랑과 지원을 제공한다. **02 가족의 긍정적 의사소통** 부모와 긍정적으로 의사소통하며, 부모에게 기꺼이 조언과 상담을 구한다. **03 다른 어른과의 관계** 부모 아닌 서너 명의 어른들에게 지원을 받는다. **04 가까운 이웃** 가까운 이웃과 교제한다. **05 학교의 보살핌** 학교는 학생들을 돌보고 격려하는 분위기를 제공한다 **06 학교 교육에 대한 부모의 개입** 부모는 학교생활을 돕는 일에 적극 개입한다.
권한 부여	**07 청소년을 소중하게 여기는 공동체** 공동체 어른들이 자신을 귀하게 여긴다는 것을 인식한다. **08 자원으로서의 청소년** 공동체 안에서 유능한 역할을 담당한다. **09 이웃에 대한 봉사** 공동체 안에서 일주일에 한 시간 이상 봉사한다. **10 안전** 집, 학교, 이웃 안에서 안전함을 느낀다.
테두리와 기대	**11 가정의 테두리** 가정은 분명한 규칙과 그에 따른 결과가 있으며 청소년의 행방을 살핀다. **12 학교의 테두리** 학교는 분명한 규칙과 그에 따른 결과가 있다. **13 이웃의 테두리** 이웃은 청소년의 행동을 살필 책임을 진다. **14 성인의 역할 모델** 부모와 다른 어른들은 청소년에게 긍정적이고 책임감 있는 행동의 본이 된다. **15 긍정적인 또래 영향** 자신의 친한 친구는 책임감 있는 행동의 본이 된다. **16 높은 기대** 부모와 교사 모두 청소년을 격려한다.

건설적인 시간 사용	17 **창의적 활동** 일주일에 서너 시간을 음악이나 연극 또는 다양한 예술 분야의 레슨이나 실습에 사용한다.
	18 **청소년 프로그램** 일주일에 서너 시간은 운동, 클럽, 학교나 지역 사회 시설에서 활동한다.
	19 **종교 공동체** 일주일에 한두 시간을 종교 활동을 하며 보낸다.
	20 **집에서의 시간** 일주일에 두 시간 정도는 특별한 일이 없어도 친구들과 밖에 나간다.

내부 자산

범주	이름과 정의
학습에 전념함	21 **성적에 대한 동기 부여** 학교에서 좋은 성적을 거두도록 동기를 부여받는다.
	22 **학교 참여** 학습에 적극적으로 참여한다
	23 **숙제** 매일 적어도 한 시간 숙제를 한다
	24 **학교와의 유대** 자기 학교에 관심을 갖는다
	25 **독서** 일주일에 세 시간 이상 즐겁게 독서를 한다
긍정적 가치	26 **봉사** 다른 사람을 돕는 일에 높은 가치를 둔다.
	27 **평등과 사회 정의** 평등을 증진시키고 기아와 빈곤을 해소하는 데 높은 가치를 둔다.
	28 **성실** 확신을 가지고 행동하며 자신의 신념을 내세운다.
	29 **정직** 쉽지 않은 사항에서도 진실을 말한다.
	30 **책임** 개인의 책임을 받아들이고 인정한다.
	31 **자제력** 성행위를 즐기거나 알코올이나 다른 약물을 사용하지 않은 것이 중요하다고 믿는다.
사회적 역량	32 **계획과 의사 결정** 미리 계획을 세우고 선택하는 방법을 안다.
	33 **대인 관계 능력** 공감, 감수성, 우정을 쌓는 기술을 갖고 있다.
	34 **문화적 능력** 다른 문화와 다른 인종, 민족의 배경을 가진 사람들에 대한 바른 지식이 있다.
	35 **저항의 기술** 부정적인 또래 압력과 위험한 상황에 저항할 수 있다.
	36 **평화적 갈등 해결** 갈등을 비폭력적으로 해결하기를 원한다.
긍정적 자화상	37 **개인적 능력** 자신에게 일어나는 일들을 통제할 수 있다고 믿는다.
	38 **자존감** 높은 자존감을 가지고 있다.
	39 **목적의식** 내 삶에는 목적이 있다고 믿는다.
	40 **장래에 대한 긍정적 시각** 자신의 미래에 대해 긍정적이다.

출처 : 『나는 누구인가』(마상욱, YSM출판부)

13

모험하는 승훈이, 아빠처럼

진정한 자신감은 자신의 능력을
긍정적으로 생각하는 것에서 비롯된다.
- 호치키스

둘째 승훈이가 홈스쿨을 시작하면서 워낙 엉뚱한 일을 많이 했던
터라 항상 예측하지 못한 일이 벌어질 것 같은 날들의 연속이었습니
다. 홈스쿨을 한 지 3년이 되어 가던 9월 어느 날이었습니다.

아침에 아내가 아들이 이상하다면서 주방에 나가 보라고 했습니
다. 아니나 다를까 승훈이가 부엌에서 무언가 의심스러운 행동을 하
고 있었습니다. 집에 남아 있는 달걀을 모두 삶고 있었지요. 달걀의
용도가 무엇인지 물었더니 "비상식량이에요"라는 말이 돌아왔습니다.

여행을 하겠다고 달걀 열두 개를 삶아 비상식량을 준비하고 있었
던 것입니다. 승훈이는 앞에서 설명한 국제청소년성취포상제를 통해
청소년 활동을 기획하고 실행하며 평가하는 방법을 배웠습니다. 배운

것을 상기시키며 먼저 여행 계획을 세워 오라고 했더니 한참을 방에서 준비한 후 계획을 보여주었습니다.

당시 화성 동탄에 살고 있었는데 자전거를 타고 서해안에서 시작해 남해로 갔다가 다시 천안 쪽으로 올 테니 몇 주 뒤에 천안으로 자신을 태우러 와 달라는 내용이었습니다.

항상 괜찮다고 말하던 저였지만 그때는 그렇게 말할 수가 없어 설명을 하기 시작했습니다. "청소년기본법에서 청소년 활동은 수련 활동, 문화 활동, 교류 활동으로 분류되어 있어. 네가 하려는 활동은 수련 활동에 해당되겠다. 그런데 수련 활동의 법적인 정의는 청소년 수련 거리(프로그램)를 통해서 청소년이 지도자와 함께 하는 활동을 말하는 것이지 지도자 없이 혼자 하는 활동을 말하는 게 아니야. 가출이 되지 않으려면 지도자와 함께해야 된단다."

승훈이와 개인적으로 함께할 지도자가 없다는 것을 모두 알았기 때문에 부모이자 지도자인 저와 함께 여행을 하기로 했습니다. 일주일 뒤인 10월 초, 휴가를 내고 아들과 자전거 여행을 시작했지요.

서울에서 전국 일주를 할 수 있는 자전거를 임대하여 4대 강 길을 따라 용산에서 양평으로 출발했습니다. 한강의 경치와 코스모스 길을 벗 삼아 달리고 또 달렸습니다. 참고로 저는 대학생 때 거의 한달 간 자전거로 전국 일주를 한 경험이 있습니다. 그 후 해병대에서 보병 장교로 생활하였고, 매주 운동을 통해 신체 단련을 하고 있던 터였지요. 자전거 여행 정도는 자신이 있었습니다.

하지만 자전거를 타고 3시간이 넘어서면서 서서히 온몸에 통증이 느껴지기 시작했습니다. 아들은 당시 매일 약 12시간을 자고, 4시간씩 운동을 하던 때이다 보니 신체 능력이 왕성했습니다. 반면 운동을 하긴 했지만 20년 만에 자전거를 타 본 저는 너무 힘들었습니다.

첫날 저녁 양평에 도착해 모텔에서 숙박을 하면서 많은 이야기를 나누었습니다. 지금 생각해 보면 너무 힘들었던 기억 말고는 무슨 이야기를 했는지 머릿속에 남아 있지 않습니다.

다음날은 충주까지 달렸습니다. 경치는 정말 아름다웠지만 몸은 천근만근이었습니다. 쉬는 시간에는 서로의 다리를 주물러 주면서 대화를 나누었습니다. 하루를 자고 나서 충주댐까지 오르막길만 두 시간을 넘게 달렸습니다. 오르고 올라 충주댐에서 호수를 내려다보고 성취감을 느낀 것도 잠시 또 출발해야 했지요.

문경새재를 넘어가는 새재길에서 자전거가 고장 나고 말았습니다. 시골 자전거포에 고치러 갔지만 여기서 고치기는 힘들다며 서울에 있는 큰 데를 가야 고칠 수 있을 거라고 했습니다. 개인적으로는 너무 감사한 일이었지요. 온몸이 아파서 더 이상 갈 수 없다는 생각이 가득 차 있었기 때문입니다. 하는 수 없이 아들과 버스에 몸을 실었습니다. 승훈이가 버스에서 제게 "아빠처럼 사는 것도 괜찮은 것 같아요"라는 말을 던졌습니다.

그 후 승훈이는 한층 긍정적이 되었습니다. 무엇이 아들의 생각을

여행을 통해 많은 것을 배웁니다.
누군가 짜 놓은 일정에 의해서가 아니라 스스로 만든 일정에 따라
자유롭게 세상을 본다는 것은 성장에 중요한 경험이 됩니다.

바꾸고 긍정적으로 만들었는지는 정확히 모르겠습니다. 한 번의 여행으로 마음이 변하지는 않았을 테지만 여행과 여행 중 나누었던 대화가 영향을 미쳤다는 생각이 들었습니다. 단 둘이서 한 마지막 여행에서 아들이 많은 성장을 했다는 것을 나중에야 깨달았습니다.

자녀와 함께하는 시간은 중요합니다. 부모도 그 시간이 즐겁다는 것을 보여줄 수 있다면 자녀와의 관계에서 첫 번째 단추가 잘 끼워진 것입니다. 여러 자녀가 있더라도 모두 함께하는 것이 아니라 한 번에 한 명씩 시간을 나누는 지혜가 필요합니다.

그런 나눔을 할 수 있는 가장 좋은 방법이 여행이었습니다. 여행을 통해 아이들은 많은 것을 배웁니다. 그것도 누군가 짜 놓은 일정에 의해서가 아니라 스스로 만든 일정에 따라 자유롭게 세상을 본다는 것은 성장에 중요한 경험이 됩니다.

중세 이전 유럽에서는 귀족의 자녀를 교육 방법으로 '로얄 투어'가 각광을 받았습니다. 일종의 교육 여행이었지요. 왕족이나 귀족 자녀들은 부모가 가장 신뢰하는 신하와 함께 여행을 했습니다. 하루 이틀이 아니라 수개월, 더 나아가 수년이 될 수도 있는 여행입니다. 상당한 위험을 감수해야 하지만 자녀의 성장을 위해서는 넓은 세상을 보고 돌아오는 것이 필수적인 활동이라 여겼습니다.

승훈이가 대학 입학 전에 저와 함께 여행한 자전거 길을 혼자 가 보고 싶다고 했습니다. 대학 입학을 앞둔 그해 겨울은 영하의 날씨가 계속 되었습니다. 영하 10도가 넘어가는 추운 어느 날 아들을 자전거와 함께 이천 여주보에 내려 주었습니다. 걱정이 많이 되었기에 저녁 나절이면 전화가 오지 않을까 싶어 연락을 기다렸습니다. 다행히 여주에서 양평을 거쳐 왔다는 소식에 이어 그 다음날은 서울을 지났고, 마지막 날에는 인천까지 달렸습니다.

아들은 집에 돌아와 "자전거 페달을 계속 밟을 수밖에 없었어요. 앞으로 가지 않고 멈춰 서면 죽을 수도 있겠다는 생각이 들었거든요. 계속 앞으로 가거나 서서 구조를 요청하거나 선택해야 하는 상황이었어요."라는 말을 해 주더군요.

30대 젊은 시절, 여러 곳을 여행한 경험이 있기에 여행이 주는 이로움을 잘 알고 있습니다. 장기간의 여행은 세상에 대한 좀 더 큰 시야를 갖게 하고, 다른 이들과 자신에 대한 비교를 내려놓을 수 있게 됩니다. 낯선 여행지에서는 소중히 여겼던 어떤 것이 중요하지 않을 수도 있고, 그 반대의 경우도 있다는 것을 깨닫게 되기 때문입니다.

여행 중 낯선 곳에서는 하루를 시작하고 날씨를 확인하는 것, 하루하루 일정대로 소화하는 것이 더 중요합니다. 새롭게 만난 사람들을 통해서도 많은 것을 배우게 되고, 문화적 다양성도 맛볼 수 있습니다.

앞으로 나아가려는 욕구는 누구에게나 있습니다. 아이들의 욕구는 무언가를 이루게 합니다. 그때 부모로서 할 수 있는 일은 지켜보면서 지지해 주는 것 밖에 없습니다. 그 당시를 생각해 보면 마치 고대 사회에서 자란 소년이 성장을 위한 의례를 통과하고 있는 것과 비슷한 경험이 아닐까 합니다. 아들은 고등학교 시절을 마치고 스스로 부모의 품을 떠나는 의식을 하고 있었던 것입니다.

그렇게 춥고 어려운 여행을 마치고 2월 말이 되자 아들은 울산에 있는 학교로 떠나 버렸습니다. 이제는 아들이 부모와 분리되었고, 함께할 수 있는 상황도 아니라는 것을 직감적으로 알 수 있습니다.

승훈이는 대학교에 입학하고 나서도 여전히 실험실에서 무언가에 도전하고 있습니다. 친구들과 동아리를 만들어 자동차를 만들기도 하고, 해외 아웃 리치를 기획하기도 하며, 벤처 기업과 함께 일을 해 보기도 하고, 교수님의 실험실에서 보조 역할을 하기도 합니다. 창업 동아리를 만들어 국가 지원을 받기도 하며 한껏 학교생활을 즐기고 있습니다. 바쁜 중에 국제청소년성취포상제를 금장까지 마무리한 것을 보며 만날 때마다 많이 성장했다는 것을 느낄 수 있습니다.

'도전에 대한 지지'는 부모로서 자녀에게 해 주어야 할 중요한 관계(Developmental relationship) 영역 중 하나입니다. 도전을 격려하고 실패를 통해 스스로 배울 때까지 기다려야 합니다. 시간이 지나고 보니 더 그렇다는 것을 느낍니다. 부모로서 또는 멘토로서 해 줄 수 있는 일은 도전을 격려하고, 실패를 위로하는 것입니다. 또한 부모가 도전하는 모습을 삶으로 보여주는 것은 자녀에게 큰 용기를 줍니다.

코칭을 하다 보면 부모나 학생들에게서 안정감이라는 심리적인 요구가 강하게 느껴집니다. 이 때문에 안정적인 직장, 안정적인 미래

를 찾아 헤매게 되는 것이지요. 그러나 우리 자녀들이 살아갈 21세기
는 안정적인 것이 사라지고 있습니다. 우리가 안정적이라고 여겨왔던
공부만 잘하면 갈 수 있는 길은 좁은 길이 되고 있습니다. 새로운 길
을 만들고, 개척하면서 살아야 할 세대에게 줄 수 있는 가장 중요한 힘
은 '도전 정신'입니다.

'모험으로 사는 인생'과 '안정감을 추구하는 인생'은 전혀 다른 길입
니다. 근대 이후 교육을 위해 만들어진 지금의 학교 교육은 모험보다
는 안정감을 추구합니다. 예측할 수 있는 삶을 살아가라고 합니다. 이
렇게 말하는 것은 세상이 변화하지 않을 것이라는 전제에서 시작됩니
다. 인간은 태어나면서부터 모험으로 살아갑니다. 그러니까 모험은
인간의 본성에 맞는 태도인 것이지요. 마음껏 도전을 실천했던 경험
은 삶의 에너지가 됩니다.

"Be strong! Be strong! Be strong!"

PART 3

부모는
정원사입니다

자녀의 성장을 위한 부모의 역할은 정원사와 같습니다. 정원사는 정원이라는 공간에서 식물들이 성장할 수 있도록 참고 기다리며 아름다움을 만들어 내는 사람입니다. 가정은 마음이 지쳐 돌아온 아이들이 가장 좋아하는 공간이 되어야 합니다. 건강한 경험을 하는 시간이어야 합니다. 어떤 사람들은 부모를 호랑이, 독수리, 헬리콥터로 비유하기도 합니다. 아닙니다. 부모는 부지런한 정원사가 되면 됩니다. 부모는 건강한 토양과 환경, 자녀가 가장 필요한 것들을 제공해 주는 존재입니다. 지금부터 자녀들을 위한 정원에는 무엇이 필요한지 살펴보겠습니다.

14

성장 모판, 시간과 공간

20대에는 의지, 30대에는 기지,
40대에는 판단이 지배한다.
- 벤자민 프랭클린

부모로서 자녀에게 줄 수 있는 것 중에서 가장 귀한 것은 자녀와 함께하는 시간과 공간입니다. 인간은 시간과 공간 안에 존재합니다. 그리고 자신의 물리적인 시간과 공간은 누구나 공평하게 가지고 있습니다. 직장에서 일을 할 때도 자신의 시간과 공간을 제공하고 급여를 받습니다. 많은 부모가 그렇게 번 돈으로 다른 사람들에게 우리 자녀와 함께 시간을 보내고, 공간을 제공해 달라고 부탁하지요. 이것이 일반적인 교육의 모습이라고 할 수 있습니다.

그러나 시간에는 물리적인 요소뿐만 아니라 정서적인 요소가 존재합니다. 부모가 직접적으로 줄 수 없는 시간과 공간은 그 누구도 대신해 줄 수 없습니다. 부모가 자녀에게 제공해야 하는 시간과 공간을 국가가 대신 교육을 통해 제공할 수 있다는 것은 잘못된 생각입니다. 부모만이 줄 수 있는 것이 있습니다. 인간에게 일정하게 주어진 제한된 시간과 공간을 자녀들과 공유한다는 것은 생명을 나누는 일과도 같습니다. 시간과 공간이라는 생명을 나눔받은 아이들은 그 속에서 부모의 사랑을 기억하고 그 힘으로 살아갑니다. 그렇게 성장한 아이들은 자신이 소중하다는 것을 자각합니다.

부모들은 자녀에게 줄 수 있는 가장 소중한 것은 돈도, 지식도, 명예도, 부동산도 아닌 함께하는 시간과 공간임을 꼭 기억해야 합니다. 이 두 가지를 나누어 줄 때 자녀들의 기억 속에서 함께한 시간과 공간 안에 부모가 살아 있게 됩니다. 그 기억은 정서적인 힘의 밑바탕이 됩니다. 함께하는 시간과 공간은 부모의 가장 큰 사랑의 언어입니다. 어떤 말보다, 어떤 선물보다, 어떤 스킨십보다 중요한 것은 함께 했던 시(時)·공(空)입니다.

청소년들에게 부모와 나눈 대화의 양은 그들의 행복감과 비례합니다. 문제 청소년일수록 부모와 함께했던 시간이 적습니다. 지금이라도 자녀와 함께하는 시간과 공간을 만들고 그 시간과 장소에서 부모로서 무척 행복하다는 것을 자녀가 알도록 해 주세요.

부모와 함께하는 시간과 공간도 필요하지만 성장기 청소년 시절에는 무언가 궁리하고 꼼지락거릴 수 있는 시간과 공간을 허락해야 합니다. 언제부터인가 우리 사회는 성공을 위한 희생을 강요하고 아이들에게서 그들만의 시간을 누릴 기회를 빼앗아 버리고는 경쟁을 통해 자신의 존재를 증명하라고 몰아붙였습니다. 그 결과 우리 아이들은 심각하게 사회적 무능감과 개인적 우울감, 그리고 분노의 감정을 경험하게 되었지요.

자연스럽게 관계 속에서 표현되어야 할 자신의 감정은 불필요한 것으로 간주되었습니다. 경쟁적 상황에 놓인 아이들은 자기 자신의 진정한 모습을 표출하지 못하고 사회적 가면을 쓰고 살도록 강요받았습니다. 아이들에게는 다른 누구도 신경 쓰지 않고 자신을 드러낼 수 있는 안전한 시간과 공간이 필요합니다. 그래야 아이들은 자신만의 모습으로 성장할 수 있습니다.

큰아이가 중학교 진학을 앞두었을 즈음 사뭇 진지한 대화를 해야 했습니다. 큰아이는 "아빠! 학교는 왜 다녀야 하는 거예요? 학교를 안 가면 문제가 있는 거예요?"라고 물어 왔습니다. "모르겠어. 생각 안 해 봤는데?"라고 말했다가 아이의 말에서 무언가 눈치를 채고 한마디 더 거들었습니다. "왜? 너 학교 안 가려고?" 그러자 저에게 지지 않고 "꼭 학교에 가야 하는 이유를 설명해 주세요."라며 굽히지 않았습니다.

사실 저로서도 왜 공교육을 받아야 하는지 의문이 많았기 때문에 쉽게 대답할 수 없었습니다. 그래도 고등학교는 나와야 인간 노릇하고, 대학은 나와야 밥 벌어먹고 살 수 있다는 옛 어른들의 말씀이 더 이상 통하지 않는 사회가 되었기 때문입니다. 청소년 현장에서 일하며 고등학교를 졸업해도, 대학을 졸업해도 사람 노릇하기 어렵고 자신의 역할을 해내지 못하는 젊은이들을 많이 경험했습니다. 학교에서 배우는 것과 실제 삶의 괴리 현상을 피부로 느끼고 있는 터라 큰아이가 원하는 홈스쿨을 어렵지 않게 선택했습니다.

처음 학교를 그만두고 주변의 지인들로부터 많은 걱정의 소리를 들었습니다. 대안 학교를 보내는 것도 아니고 홈스쿨로 사회성을 어떻게 키워 주려고 하느냐는 질문도 수없이 받았습니다. 특히 친가에서는 집에서 공부시켜 어떻게 대학을 보내려고 하느냐며 걱정이 컸습니다. 큰아이의 초등학교 6학년 담임 선생님도 홈스쿨은 아무나 하는 게 아니라며 걱정과 우려를 내비쳤습니다.

걱정의 소리는 비단 밖에서만 들린 것이 아니었습니다. 어느새 우리 부부의 내면에서도 스멀스멀 걱정이 올라오기 시작했습니다. 그럼에도 불구하고 합리적인 판단이라기보다 직관적으로 공교육은 아니라는 결론을 가지고 학교 밖에서 도전을 시작했습니다.

사실 우리는 생각이 많지 않았습니다. 오랫동안 생각했다면 진학을 포기하는 결정을 하지 못했을 것입니다. 이것저것 따지지 않고 홈스쿨을 시작했습니다. 처음에는 무언가 더 좋은 성과로 다른 이들의 걱정이 잘못된 것임을 증명이라도 하려는 듯이 열심히 시간표도 만들고 성실하게 진행했습니다. 학생 한 명에 교사가 두 명인 셈이니 마음먹고 지도하면 공교육보다 좋은 것을 줄 수 있을 거라 생각했지요.

그러나 시간이 지나면서 이것이 과연 옳은 것인가 하는 내면의 두려움이 올라오기 시작했습니다. 이것이 아이에게 어떤 의미가 있을

지, 공교육에서 잘할 수 있는 아이를 부모가 무모한 도전에 동참시킨 것은 아닌지 의문이 들기 시작했습니다.

그 당시를 회상해 보면 우리 부부 안에 두려움이 있었고 그 두려움은 우리를 더 열심히 하도록 채찍질했습니다. 덕분에 두려움이 꼭 나쁜 것만은 아니라는 생각이 듭니다. 두려움 때문에 도전하지 못할 수도 있지만 두려움으로 무언가를 열심히 할 수도 있다는 것을 깨달았습니다. 그렇게 시간을 보내면서 교육에 관해 몇 가지를 깨달았습니다.

아이를 키우면서 가장 중요한 것은 시간과 공간의 확보였습니다. 자신의 것을 관리할 수 있도록 시간과 공간을 확보해 주고, 스스로 통제하는 훈련을 했습니다. 홈스쿨의 가장 큰 장점은 자신만의 시간과 공간을 가질 수 있다는 것입니다. 무언가 꼼지락거려도 아무도 다그치지 않는 환경을 만들어 줄 수 있습니다. 마음속에서 하고 싶은 것이 생기면 일관성 있게 꾸준히 해 보도록 지원할 수도 있습니다.

큰아이가 꾸준함을 가지고 했던 일은 독서였습니다. 책 읽기를 워낙 좋아해 자신만의 독서 노트를 만들고 책 속에서 상상의 나래를 펴면서 기쁨을 느끼고 있었습니다. 누군가에게 평가받기 위한 책 읽기가 아니라 자신의 즐거움을 위한 책 읽기가 계속되었습니다. 누군가 통제하는 세상이 아닌 자신만의 세상을 만들어 준 독서는 자녀의 성장에 큰 도움이 되었습니다.

처음에는 어른들 기준에서 볼 때 쓸데없는 책만 읽는 것 같았습니다. 그러나 시간이 많이 지나고 나서 '세상에 쓸데없는 것은 없다'라는 것을 큰아이의 성장을 통해 깨달았습니다. 주어진 시간과 공간 안에서 꾸준히 뭐라도 하다 보면 스스로 성장을 느끼게 되고 뭔가 이루는 경험을 하게 됩니다. 원리를 이해하고 깨우쳐 나오게 되는 것이지요. 이때 부모로서 자녀에게 할 수 있는 가장 큰 기여는 불안감을 참고 기다려 주는 것입니다.

조금 거창하게 이야기 하자면 삶은 본질적으로 외롭습니다. 그 외로움을 겪어야 하는 것은 부모가 아니라 자녀입니다. 자녀가 학교를 다니든지 홈스쿨을 하든지 부모의 가장 큰일은 믿는 것과 기다려 주는 것입니다.

우리의 교육 현장에서 가장 큰 잘못은 아이들에게 시간과 공간을 빼앗아 버렸다는 것입니다. 산업 시대에 살던 부모 세대는 무엇이라도 효율적으로 하라는 압박을 받았습니다. 시간을 아껴서 성공하라는 메시지를 들으며 자란 탓에 밥을 먹는 시간도 아까워했던 학창 시절을 보냈습니다.

그러나 행복이 화두가 된 21세기 4차 산업 혁명 시대를 살고 있는 자녀들을 생각한다면 교육에서 가장 쓰지 말아야 할 단어가 '빨리빨리'입니다. 교육은 투자 대비 산출로 계산되는 '효율성'이 아닌 성장이라는 목표를 달성했는가와 관련된 '효과성'에 초점을 맞추어야 합니다.

사람에게 있어 성장은 가장 자연스러운 현상이고 축하받아야 할 일입니다. 이러한 성장은 시간과 공간 안에서 이루어집니다. 병아리가 알을 깨고 나오듯이 자녀들은 자신의 껍질을 깨고 성장을 이루어

누군가 통제하는 세상이 아닌 자신만의 세상을 만들어 준 독서는
자녀의 성장에 큰 도움이 되었습니다.

냅니다. 그때까지 부모는 어미닭처럼 알을 품고 기다려 주는 것이 중요합니다.

중국에서 청소년을 지도하는 한 후배가 중국에 사는 우리나라 청소년과 한 해 동안 진행했던 프로젝트가 〈뭐라도 하다 보면〉이었습니다. 중국 청도 지역에서 청소년들을 모으고 무엇을 할 것인가를 궁리한 끝에 '레고가 바라본 세상'이라는 주제로 1년 동안 사진을 찍기 시작했습니다. 한 해 동안 아이들과 이곳저곳을 다니며 자그마한 레고 인형을 세워 놓고 레고의 시선으로 본 세상을 사진으로 남겼습니다. 그해가 가기 전 사진들을 출력해 전시회도 열었습니다.

이러한 시도를 할 때 가장 어려운 부분은 부모가 빨리 결과를 얻고 싶어 안달하는 것입니다. 해당 프로젝트의 가장 큰 원리는 아이들이 하고 싶은 것을 찾게 하고 그것을 할 수 있도록 청소년 지도자가 부모의 개입이 없는 시간과 공간을 확보해 주는 일이었습니다. 그것을 통해 아이들은 성장했습니다.

이렇듯 부모가 '뭐라도 하다 보면'을 실현하고자 한다면 시간과 공간의 확보에 무엇보다 공을 들여야 합니다. 자신의 모습을 거리낌 없이 내보이며 새로운 시도를 할 수 있는 공간이 마련되었다는 것은 아이들이 움직이기 시작할 발판이 마련되었다는 뜻입니다. 이제 청소년이 된 자녀들에게 시간과 공간이라는 큰 선물을 하실 때입니다. 자녀들을 믿고 기다리면 아이들은 틀림없이 성장을 보여줄 것입니다.

15

양육 태도가 자녀에게 미치는 영향

당신을 만나는 모든 사람이 당신과 헤어질 때는
더 나아지고 더 행복해질 수 있도록 하라.
- 마더 테레사

청소년을 위한 인문학 콘서트를 여러 지역에 걸쳐 다양한 형태로
진행한 적이 있습니다. 자녀 양육에 대해 두 명의 교육 전문가와 토론
을 할 때였습니다. 콘서트가 끝날 때쯤 "부모의 양육 태도 중에서 자
녀의 성장을 위해 가장 중요한 것은 무엇일까요?"라는 질문이 나왔습
니다.

이런 저런 이야기가 오갔고, 제 차례가 되었을 때 "자녀의 성장을
위해 가장 중요한 것은 기다려 주기입니다."라고 답했습니다. 함께
참석한 전문가 역시 동의하는 부분이었지만 너무 힘든 일이라는 고
백을 했습니다. 자녀의 성장을 묵묵히 기다려 주는 것은 가장 힘든 일
입니다. 개입하고 싶은 마음이 굴뚝같아도 믿고 기다려야 할 때가 있

습니다.

대학생이 된 큰아이와 둘째가 한번은 이런 말을 했습니다. "우리의 성장을 위해 엄마 아빠가 해 주신 가장 큰일은 저희들을 놔 주셨던 것 같아요." 거기에 대고 저는 "엄마 아빠는 너희를 믿었던 것이 아니라 너희를 만든 분(하나님)을 믿었던 것 같아."라는 대답을 해 주었습니다.

종교가 있건 없건 간에 자녀를 믿지 못할 때 많은 어려움이 발생합니다. 자녀를 믿지 못한다는 것은 부모로서 자신도 믿지 못할 가능성이 큽니다. 믿지 못하면 기다릴 수도, 기회를 줄 수도, 권한을 위임해 줄 수도 없습니다. 모든 것을 부모가 개입해서 처리해야 합니다.

그렇게 되면 자녀들의 성장은 필시 지체되고 맙니다. 자녀들이 주도성을 가지고 힘 있게 성장하기를 기다려야 하는데 개입이 계속되면 주도성이라는 힘을 잃어버리기 때문입니다.

자녀를 믿으십시오. 그렇게 하지 못하면 저희 부부처럼 자녀는 못 믿어도 하나님이 최고의 길로 자녀를 인도할 것이라는 믿음으로 기대하면서 기다리는 것도 좋은 방법입니다. 신뢰를 받았던 경험을 한 사람은 자신을 믿어 준 사람에게 믿음으로 보답합니다.

세상에서 가장 소중한 자녀를 믿지 못한다면 누구를 믿겠습니까? 넘어져도, 실패해도 다시 일어날 것이라고 믿어 주고, 격려할 때 분명히 자녀들은 다시 일어나 자신의 힘으로 걷기도 하고 뛰기도 하며 성장할 것입니다.

자녀를 신뢰하는 부모의 양육 태도가 자녀의 성장에 큰 영향을 미친다는 것은 왜 학술적으로 이슈가 되지 못할까요? 너무 당연한 것이 기 때문입니다.

8년 전 여름 강원도 정선에서 고등학교 1학년 남학생 4명과 홈스쿨을 하고 있는 여학생 1명을 인솔하여 강원도 지역을 트레킹하는 청소년 탐험 활동을 진행했습니다.

하루 8시간 이상 트래킹을 하고 숙영지에 도착했습니다. 남학생과 여학생을 분리하여 텐트 두 동을 설치하기로 했습니다. 한 텐트는 남학생 3명이 맡았고, 한 텐트는 여학생이 혼자 맡아 설치했습니다.

그런데 어찌된 일인지 남학생 3명보다 여학생 1명이 훨씬 빠르게 텐트를 설치했습니다. 식사를 준비할 때도 남학생들은 서 있고 여학생이 모든 일을 빠르게 해결하는 모습을 보았습니다. 설거지도 마찬가지였습니다. 조금 답답했지만 할 수 없이 기다렸습니다.

저녁 피드백 시간이 되었습니다. "오늘 임무를 나누어서 했는데 서로 피드백을 해 보자."라며 이야기를 시작했습니다. 이런 저런 이야기가 오고가는 도중에 남학생들에게 왜 서로 협력하지 못하고 멀뚱멀뚱 서 있기만 했는지 이유를 물었습니다. "집에서 그런 일을 해 본 적이 없어요."라는 답이 돌아왔습니다.

그때 깨달았습니다. 집에서 스스로 무언가를 해 본 경험이 없는 아이들이었습니다. 밥도, 요리도, 정리도 스스로 해 본 경험이 없기 때문에 그렇게 멀뚱멀뚱 서 있었던 것입니다. 다음에 무슨 일을 해야 하는지 몰라 그저 보고 있을 수밖에 없었던 것이지요.

가정에서 자녀들에게 가사 일을 믿고 맡기지 않기 때문에 이런 일이 발생합니다. 물론 가사 일은 부모가 하는 것이 가장 빠르게 처리되겠지요. 요리를 위해 자녀에게 가스레인지 앞에서 불을 다루게 하고, 칼로 음식을 다듬도록 허락하는 것은 답답하고 불안한 일입니다. 그럼에도 자녀들을 믿고 맡기면 그들은 충분히 해낼 수 있습니다. 자신이 가정 내에서 무언가를 책임질 수 있는 존재가 되었다는 것은 정체성의 형성과 매우 밀접한 관계가 있습니다.

청소년기 자녀들을 믿어 주는 것은 자녀를 성숙하게 합니다. 더 쉽게 말하면 어린아이로 취급하지 말아야 합니다. 믿는다면 선택할 수 있는 권리를 주어야 합니다. 조금 불안해 보여도 그들의 의견을 존중해야 합니다. 청소년기가 되면 무엇이든 자녀들의 의견을 존중해야 합니다.

무언가 자녀의 삶에 영향을 미칠 만한 것은 모두 자녀와 의논하여 결정해야 합니다. 그것은 자녀를 신뢰해야만 가능합니다. 부모가 믿음을 행동으로 보여줄 때 자녀들은 성장으로 보답합니다.

16

넘어지는 법을 알려 줘야 하나요?

나는 실패한 적이 없다.
그저 작동하지 않는 9,999개의 방법을 발견했을 뿐이다.

- 토마스 에디슨

유도를 배워 본 사람들은 알겠지만 유도의 기본은 낙법입니다. 유도의 기초는 전방 낙법, 후방 낙법, 앞 구르기, 뒤 구르기 등 잘 넘어지는 법을 배웁니다. 유도뿐만 아니라 대부분의 운동은 어려움을 대처하는 법부터 배우지요.

권투도 눈을 감지 않고 맞는 법부터 익혀야 합니다. 주먹을 올리고 방어하며 맞아야 하고, 눈을 뜨고 맞아야 합니다. 눈을 뜨고 맞는 펀치는 버틸 수 있지만 보지 못하고 맞게 되면 KO가 될 가능성이 높기 때문에 그렇습니다.

아이들의 성장도 마찬가지입니다. 성취를 위해 먼저 잘 넘어지는 낙법을 배워야 합니다. 그래야 일어날 수 있습니다. 자녀들의 삶이

KO로 끝나지 않게 하려면 맷집을 키워 주어야 합니다.

큰아이 승희가 1년 6개월간 미국에서 공부하며 유익한 사람들을 만나며 좋은 경험을 했습니다. 짧은 기간이지만 미국에서 좋은 성취를 이루었지요. 유학생으로는 드물게 모든 과목에서 두각을 나타냈습니다. 이런 성과를 몇 년 만 더 지속하면 좋은 대학에 입학할 수 있다는 확신을 주었고, 승희의 개인적인 만족감도 컸습니다.

어느 날 새벽, 큰아이로부터 국제 전화가 왔습니다. "아빠, 장학금을 주던 단체가 사정이 나빠져서 더 이상 지원이 어렵대요." 한참 머뭇거리다 승희의 생각을 물었습니다. 그러자 "할 수 없죠. 한국으로 돌아가야죠."라고 대답하고는 유학 생활을 마치고 귀국하고 말았습니다.

당시 고등학교 2학년을 마치는 시점이었기에 한국에 돌아와 다시 학교에 입학하는 것에는 무리가 있었습니다. 그렇다고 다시 미국으로 가는 것도 어려운 일이었지요. 결국 우리 부부는 할 수 있는 것을 하자고 결심한 승희를 응원하게 되었고 검정고시 준비를 도왔습니다. 학원을 다녀 본 적이 없던 터라 EBS 방송을 보며 홈스쿨을 시작하여 다음해 봄, 검정고시로 고등학교 과정을 통과할 수 있었습니다.

그러고 나서 대학 입시를 준비하기 시작했습니다. 하지만 승희가 우리나라 대학을 가기 위해 가지고 있던 학업의 기록은 검정고시 점수가 전부였습니다. 논술 전형이 있었으나 실망만을 더해 주는 결과였습니다. 승희는 수능을 치렀고, 정시로 대학에 진학하는 목표를 세웠습니다. 나름 열심히 준비했으나 첫해 대입 결과는 참담했습니다.

가장 자신 있다고 생각했던 언어 영역에서 오히려 상대적으로 가장 낮은 점수를 받았던 것입니다. 평소에 책 읽기를 좋아했고 글쓰기를 즐겨했기에 언어 영역 점수에 대해 가장 실망스러워했습니다.

승희는 곧바로 재수를 준비했습니다. 이 상황에서 부모로서 아무 것도 해 줄 수 없다는 것을 깨달았지요. 재수를 하는 1년간 누구의 도움도 받지 않은 채 혼자 공부했습니다. 오픈 소스라고는 EBS를 통한 정보가 전부였습니다. 한 해 동안 혼자 공부하며 외로웠던지 집에서 키우기 시작한 고양이에게 깊은 애착을 보였습니다.

수능을 마치고 시험장에서 나오면서 승희는 "올 한 해 최선을 다했기 때문에 삶에 필요한 공부가 아닌 수능은 더 이상 준비하지 않을 거예요. 어떤 결과가 나오든 받아들이려고 해요."라고 해서 내심 놀라게 했습니다.

수능 시험 결과는 스스로 만족스러운 점수는 아니지만 서울 소재 몇몇 대학에 지원할 수 있을 정도였고, 장학금이 가능한 숙명여자대학교에서 사회심리학 공부를 할 수 있었습니다. 이렇게 자의이건, 타의이건 몇 차례 실패를 거쳐 대학에 입학했습니다.

실패가 밑거름이 되었던 것인지 승희는 대학에서의 성취가 두드러졌습니다. 연거푸 성적 장학금을 받았고 영자신문 편집장, 사회 공헌 활동 등 많은 부분에서 자신만의 성장을 이루어 냈습니다. 원치 않는 경험일 수 있었던 여러 번의 어려움이 큰 효과가 있다고 보았습니다. 우리 부부가 딸아이에게 해 줄 수 있었던 '도전의 기회'가 최고의 선택이 되었던 것입니다.

도전은 실패를 경험하게도 하지만 지나고 나면 인생에 큰 힘이 됩니다. 승희가 스스로 공부할 수 있도록 기다려 준 것 말고 우리 부부가 가장 잘했던 일은 학교 밖에 있었지만 끊임없이 청소년 활동 영역에서 성취를 이룰 수 있도록 도운 것입니다.

앞서 승훈이의 이야기를 하며 언급했지만 국제청소년성취포상제라는 것이 있습니다. 영국에서 1956년 제2차 세계 대전이 끝난 후에 만들어진 청소년의 자기주도적 성장 프로그램입니다. 청소년들은 스스로 목표를 설정하고 동장, 은장, 금장 단계로 도전을 합니다. 각 단계별로 청소년의 성장을 위해 봉사 활동, 자기 계발 활동, 신체 단련 활동 그리고 탐험 활동을 경험하게 되지요.

우리나라에는 2008년에 도입되었고 현재는 여성가족부에 속해 있는 한국청소년활동진흥원에서 한국 사무국으로 주관합니다. 전 세계 140개국 이상에서 수많은 청소년이 이 제도를 통해 성장하고 있습니다. 학교 밖에서 홈스쿨을 하는 우리 아이들에게는 정말 좋은 제도였습니다. 이 제도를 통해 지도자와 함께 계획, 실천 그리고 평가를 이루어 가며 성장을 경험했습니다.

젊은이들 사이에서는 '패자부활전이 없는 사회'라는 말을 합니다. 왜 그럴까 고민해 보면 낙법을 배워 본 적이 없는 세대라서 그런 것 같습니다. 자녀들은 부모의 과도한 개입으로 실패를 경험할 기회가 많

누군가 실패를 경험한 적이 있다면
필시 자신의 능력보다 높은 수준의 도전을 했기 때문입니다.

지 않았습니다. 학창 시절은 공부만 잘하면 실패할 이유가 별로 없습니다.

그러나 학교를 졸업하고 사회에 나가면 많은 도전이 기다리고 있지요. 도전을 시작하면 당연히 실패를 경험하게 됩니다. 그 역경을 통해 배우고 일어나야 합니다. 원하든 원치 않든 간에 누구나 넘어지게 되어 있고 이를 딛고 일어나야 합니다. 그러다 보면 언젠가는 넘어지지 않는 법을 배우게 됩니다. 이것이 성장의 원리입니다.

니체는 "나를 죽이지 못하는 것은 나를 강하게 만든다"고 했습니다. 그의 말은 우리에게 중요한 깨달음을 줍니다. 누군가 실패를 경험한 적이 있다면 필시 자신의 능력보다 높은 수준의 도전을 했기 때문입니다.

자신의 역량을 넘어선 도전을 하면 어려움을 겪게 되어 있습니다. 그렇지만 우리는 그 경험을 통해 발전합니다. 이러한 삶의 원리는 변하지 않습니다. 자녀가 넘어졌다고 너무 걱정하지 마세요. 아픔은 마음의 별이 되어 훗날 어두운 밤하늘을 빛나게 할 것입니다.

우리는 누구나 역경을 극복한 드라마틱한 이야기를 좋아하지만 내 자녀에게만은 역경이 없기를 기도합니다. 이것은 모든 부모의 역설적인 태도입니다. 가끔은 넘어지도록 내버려 두는 것도 가르치는 방법입니다. 마치 독수리가 새끼들에게 나는 법을 가르치듯 말입니다.

17

어디로 갈지 목표가 주어져야 성장한다

미래는 여기 있다.
아직 널리 퍼지지 않았을 뿐이다.
- 윌리엄 깁슨

기성세대는 무언가를 할 때 항상 효율성을 따지는 습관이 있습니다. 효율성이란 투자 대비 산출을 따질 때 쓰는 말입니다. 그들로부터 어린 시절에 자주 들었던 이야기는 우리는 자원이 없기 때문에 효율적으로 가진 것을 분배하며 살아야 한다는 것이었습니다. 틀린 말은 아니지만 물자 절약을 통해 더 빨리 성장해야 한다는 생활 태도가 경제생활뿐만 아니라 관계에도 많은 영향을 미쳤습니다.

그러다 보니 항상 효율성이 중요했습니다. 요즘 많이 사용하는 '가성비(가격대비 성능)'라는 단어도 그러한 맥락에서 볼 수 있습니다.

가족이 모여서 대화를 해도 가성비를 중요하게 생각합니다. 가족이 함께하는 시간마저도 효율적으로 사용하여 목표를 이루려는 행동을 하고는 합니다. 가장 적은 시간을 쓰면서 높은 성과를 올리는 방식을 통해 자녀를 양육할 수 있다면 얼마나 좋을까요?

그러나 사람이 성장하는 것은 그런 방식으로 진행되지 않습니다. 시간을 아껴서 자녀를 양육할 수 있다고 생각한다면 큰 오산입니다. 사람을 성장시키는 데 있어 효율성은 경계해야 할 단어입니다.

산업 사회에 들어서며 우리는 국가적 차원에서 한 교실에 여러 명을 앉혀 놓고 국가에 필요한 인재를 양성한다는 개념으로 효율성을 따지곤 했습니다. 그러나 가정에서조차 그렇게 한다는 것은 무언가 크게 잘못된 방법을 쓰고 있는 것입니다.

자녀의 성장에 있어서 속도가 얼마나 빠른지가 중요한 것이 아니라 어느 곳까지 갈 수 있는가 하는 관점이 우선되어야 합니다. 빠르게 무언가를 습득하는 것이 중요한 시대는 지나갔습니다. 이제는 알고 있는 것을 연합하여 새로운 것을 창조하는 능력이 요구되는 사회입니다. 누군가를 따라갈 때는 '빨리빨리'가 중요하지만 선두에 서게 되면 어느 곳으로 가야 할 것인가라는 '방향'이 중요한 요소입니다.

자녀에게 가장 귀한 것을 주고 싶다면 그것은 '시간'입니다. 효율적이지 않아 보여도 자녀와 함께 하는 시간은 분명 효과적일 것입니다. 누군가에게 가장 소중한 것은 공평하게 나누어져 있습니다. 우리 모두가 공평하게 가지고 있는 것이 시간이며 그 시간을 함께 나누는 가장 좋은 방식이 대화입니다.

함께 있는 시간과 공간을 채우는 방식이 대화입니다. 소통을 통해

서로를 알아 가고 이해하게 됩니다. 자녀와의 대화를 일방적으로 하려는 이유는 빨리 무언가를 해결하려는 사회생활에서의 방식을 가정 안으로 가지고 들어왔기 때문입니다.

부모와 자녀가 대화를 하는 이유가 무엇일까요? 리더의 생각을 전달하고 그것을 오차 없이 시행하려는 군대 조직의 대화와 가정에서의 그것은 매우 다른 목표를 가지고 있습니다.

누군가 내 말에 설득되거나, 내가 전달한 내용을 정확히 인식하는 것이 공공 영역의 소통이라면, 가정에서의 그것은 소통 자체가 목적이 되어야 합니다. 아무리 많은 시간을 들여도 소통 자체가 목적이라면 효율적이지 않아도 됩니다.

그렇다면 어떻게 대화해야 할까요? 마치 탁구공을 치듯 주고받는 것이 대화의 기술입니다. 청소년이 된 자녀들에게 자신의 생각을 주입하려고 하기 보다는 그들의 생각이 무엇인지 듣기 위해 노력해야 합니다.

자녀와의 대화를 N분의 1로 하기 위해 의식적으로 노력하세요. 모여 있는 사람이 3명이라면 한 사람이 말할 수 있는 시간은 3분의 1시간입니다. 이것을 넘어가게 되면 일방적인 훈시가 되고 자녀들은 각자의 방으로 도망칠 준비를 하게 됩니다.

대화를 할 때 가장 중요한 것은 주제를 선정하는 작업입니다. 부모와의 대화 주제가 기승전 공부라면 자녀들은 뻔한 소통에 질려 버리고 말 것입니다. 쓸데없어 보이는 대화를 통해서 대화의 주제를 선정하는 기술이 필요합니다.

그러한 방식으로 소통하기에 가장 좋은 곳이 식탁일 것입니다. 식사를 기능적으로만 생각한다면 빨리 먹고 각자의 일로 돌아가는 것이 좋겠지만 그 시간이 가족이 모여 대화하고 삶을 나누는 시간이라면 여러 가지를 시도할 수 있습니다.

부모는 쉬운 소통에서 주제를 찾아내고 자연스럽게 한 방향으로 대화를 가져가는 사회자의 기술이 필요합니다. "이 부분이 궁금하구나." 또는 "그 일이 재미있었구나. 좀 더 이야기 해 줄 수 있니?" 이런 대화를 통해 자녀들이 말할 수 있는 환경을 마련해 주어야 합니다. 다만 명심해야 할 것은 절대로 판단하지 말아야 한다는 것입니다.

대화의 주제를 정한다는 의미는 두서없이 이것저것을 말하지 않게 하려는 것입니다. 물론 대화의 주제가 전이될 수는 있지만 주제 없이 산만한 대화는 바람직하지 않습니다. 주제 선정 역시 부모가 주도하는 것은 지양해야 합니다. 그런 방식에 의해 주제가 선정되면 그 다음 이야기를 만들어 갈 수 있습니다.

인간은 누구나 자신의 이야기를 하고 싶어 하기 때문에 자신의 이야기를 들어준 사람으로부터 친밀감의 욕구, 소속감의 욕구, 존중의 욕구를 채울 수 있습니다. 자녀들이 하고 싶은 이야기의 주제가 선정되었다면 할 말이 많아질 것입니다. 그때 부모의 역할은 오로지 그 내용을 집중하고 들어주는 것입니다.

자녀의 이야기에서 사실을 정확히 듣되 판단하지 않고 부모의 감정을 잘 표현하면 좋습니다. 감정 표현은 판단하는 것이 아니기 때문에 상대방을 곤란하게 하지 않습니다. 이렇게까지 대화를 이끌었다면 절반의 성공을 한 것입니다. 이때 하지 말아야할 것은 판단, 충고, 반론 등입니다.

　"나 때는 말이야", "그건 아주 쉬운 문제야", "이렇게 해 봐" 등은 가족의 대화에서 쓰지 말아야 할 문장들입니다. 가족 간의 대화에서 가장 좋은 반응 방식은 '지지', '격려', '칭찬', '존중'입니다. "그랬구나", "대단해", "엄마 아빠는 네 편이지" 등의 말로 반응하는 훈련을 해야 합니다. 반응만 잘해도 끊이지 않고 대화를 이어 갈 수 있습니다. 대화 그 자체가 목적인 대화는 계속해서 이어 나가는 것이 중요합니다.

　그렇게 이어 나가다 자녀의 말을 다시 정리해 주거나 확인해 주는 방식을 통해 잘 듣고 있다는 것을 표현해 주세요. 두서없이 말을 하다가도 다시 주제로 돌아오고, 표현할 수 없었던 부분을 정리해 주는 부모를 좋아하게 될 것입니다. "지금 이런 말을 하고 싶은 거구나", "네 생각은 이런 거구나"라고 정리하기 위해서는 자녀의 말에 귀를 기울이고 있어야 합니다.

　가급적 충고를 안 하는 것이 좋겠지만 정말로 충고를 하고 싶다면 먼저 "비슷한 경험이 있는데 말해도 될까?"라고 물어보고 시작하세요. 주제를 정하고, 대화를 나누고, 주제를 변경하는 모든 주도권을 자신이 갖고 있다고 느끼게 된다면 자녀들은 보다 더 적극적으로 대화를 하게 됩니다. 대화를 마칠 때도 "더 이야기 하고 싶은 것이 있니?", "오늘은 여기까지 이야기해도 될까?"라는 마무리로 주도권을 자녀에게 줄 수 있습니다.

대화의 질은 양에서 비롯됩니다. 우선 대화의 양을 늘려야 그 속에서 대화의 질을 발견할 수 있습니다. 대화 시간을 늘리기 위해서는 약간의 기술이 필요합니다. 지금까지의 대화가 효과적이지 못했다면 이제 바꿔 보시기를 바랍니다.

"말하지 않아도 알아요!"라는 말이 무척 익숙하죠? 초코파이 광고에 등장했던 CM송의 가사입니다. 최근 초코파이는 광고를 역으로 패러디해 말하지 않으면 모른다는 광고를 만들었습니다. 군복무 시절 한 병사가 목사님에게 "목사님 저는 원래 불교입니다. 초코파이 때문에…"라며 진실을 말하는 모습을 보면서 한참을 웃었습니다.

가족은 매일 얼굴을 맞대며 살기 때문에 말을 하지 않고도 알 거라는 생각을 많이들 합니다. 그러나 말하지 않으면 추측할 수밖에 없고 그러다 오해가 생기고 말지요. 결혼 전에는 과묵함이 멋있어 보여 끌렸는데 결혼 후에는 말하지 않는 배우자로 인해 속이 터져 죽을 것 같다는 사람들이 많습니다.

10년쯤 전에 두란노아버지학교에서 훈련을 받은 적이 있습니다. 매주 남자의 정체성, 아버지의 영향력, 아내와의 관계 등을 하나씩 배웠습니다.

그러던 중 '아내가 사랑스러운 20가지 이유'를 적어 오라는 과제가 있었습니다. 아내만 있는 것이 아니라 딸, 아들까지 각각 20가지 이유를 적어야 했지요. 책상에 앉아서 20가지 이유를 쓰는데 처음 몇 가지는 어려움 없이 써 내려갔지만 열 개가 넘어가면서 어려워지기 시작했습니다. 아이들에 관해서도 마찬가지였습니다. 스무 개를 다 채우고 나니 큰 숙제를 한 것 같은 마음이 들었습니다.

저는 남자만 있는 집에서 성장했기 때문에 세밀하게 누군가에게 사랑한다는 말을 해 본 적이 없습니다. 이렇게 세밀하게 대화할 수 있도록 준비하는 훈련이 참 유익했던 것으로 기억합니다. 우리가 누군가를 좋아하면 좋아한다고, 사랑하면 사랑한다고 말해야 합니다. 그냥 알아 주겠지 하고 기다리면 상대방은 알 수 없는 경우가 많습니다.

자녀들의 지능을 연구할 때 가장 중요한 독립 변수는 가정에서 노출되는 언어의 양입니다. 유아기, 아동기, 청소년기를 거치며 부모와 얼마나 많은 대화를 했느냐가 학업 능력을 판가름하는 중요한 요소가 됩니다.

우리나라에는 '밥상머리 교육'이란 것이 있었습니다. 밥상에 모여 여러 가지 이야기를 주고받으며 자신의 생각을 이야기하고 다른 사람들의 이야기를 들으면서 지적·정서적 교류를 하게 됩니다.

청소년들에게도 대화가 유익하려면 무엇보다 대화 내용이 긍정적이어야 합니다. 부모들이 꺼내는 주제가 자녀들의 감정에 긍정적인 자극을 할 수 있어야 합니다. 지금은 함께 밥을 먹을 시간이 적다 보니 부모와 자녀가 마주하는 시간은 잔소리가 시작되는 시간입니다. 일방적인 잔소리와 그것을 참으며 들어야 하는 자녀들이 있습니다.

누군가의 말을 할 때 "설교하지 마세요"라고 하는 의미가 무엇인가요? 맞는 소리이긴 한데 듣기 거북할 때 쓰는 표현입니다. 자녀가 부모에게 듣는 잔소리 중에서 가장 싫어하는 유형이 성경 구절 같은 근거를 대면서 잔소리하는 것이라고 합니다.

자녀의 마음에 설교하지 말라는 생각이 들어가지 않게 밥상머리에서 유쾌한 대화를 시도해 보시기를 바랍니다. 그러기 위해서는 다음의 규정을 지켜 주세요.

첫째, 답을 주고자 하는 마음을 접어야 합니다. 누구나 사적인 이야기를 할 때는 답을 듣기 위해서라기보다 공감받기 위해서 말하는 것입니다. 대화가 길어지고 흥미로운 시간이 되기 위해서는 공감하는 것이 기본입니다. 자녀가 "사회 과목이 왜 이렇게 어려운지 모르겠어요"라고 말하면 대부분의 부모는 뭐가 어렵냐며 공부하는 법을 알려주려고 잔소리를 시작하지요.

자녀들이 원하는 대답은 현재의 어려움을 이해해 주기를 바라는 것입니다. 어렵다는 것을 인정해 주고 어려운 사회 과목을 열심히 하고자 하는 점을 칭찬해야 합니다. 이 부분이 자녀와 대화할 때 부모들에게 훈련이 필요한 부분입니다. 부모는 이미 알고 있고, 쉽다고 생각하는 부분을 어려워하는 자녀를 보며 공감하기란 어렵기 때문입니다.

코칭을 슈퍼비전(supervision)할 때도 절대로 하지 말아야 할 것 중 하나가 답을 주려고 하는 노력입니다. 내담자가 스스로 자신의 답을 찾을 수 있도록 기다려야 합니다. 물론 알려 줄 수 있지만 남이 알려 주는 것은 절대로 자신의 것이 되지 못합니다. 때문에 상담에서는 좋을 질문을 계속하면서 스스로 답을 찾을 수 있도록 기다리는 방식을 사용합니다.

크리스천 코칭에서는 내담자의 마음에 답을 주는 것은 하나님께서 하실 부분이라고 배웁니다. 코치가 답을 주게 되면 하나님의 역할을 하게 되는 것이기에 성령께서 스승이 되어 내담자에게 알려 주도록 기도하며 기다리는 것입니다. 이 부분이 상담적 접근의 핵심입니다.

전문적인 상담자나 코치일수록 이 부분을 정확히 이해하고 실천합니다. 부모가 자녀와의 대화에서 유익한 결과를 가져오기 위해 반드시 훈련해야 할 부분입니다. 답을 주겠다는 마음을 내려놓고 대화를 이어 간다면 더 좋은 결과를 가져올 것입니다.

둘째, 법관과 같이 판단하는 모습을 피해야 합니다. 부모들은 자녀가 무슨 이야기를 하면 마치 재판관처럼 판결을 내리려고 합니다. 자녀들은 옳고 그름을 판단하는 재판관이 필요한 것이 아니라 온전한 내 편이 필요합니다.

판단하는 사람 앞에서는 말을 조심하기 마련입니다. 누군가 우리의 말을 계속 판단하고 있다면 신중하게 단어를 사용할 것입니다. 학문적인 영역이나, 사법적인 영역에서는 유용할지 모르나 일상에서는 결코 유용하지 않습니다. 부모가 법관의 자리에 서게 되면 자녀는 죄인의 자리에 서야 하기 때문에 대화를 이어 나갈 수 없습니다.

직업이 교사인 부모는 습관적으로 자녀의 말을 끊고 계속 교정해 줍니다. 그것이 옳은 일이라고 여기면서 말이지요. 만일 자녀가 대화 중 영어 단어를 사용했는데 부모가 발음이 틀렸다며 지적하고 바른 발음으로 교정해 주고자 한다면 어떨까요? 대화의 맥락은 없어지고 영어 공부가 되어 버리는 것입니다.

크리스천 코칭에서는 이 부분도 코치가 하나님의 자리에 앉지 말라고 훈련합니다. 분석하는 학자의 자리, 판단하는 재판관의 자리 모두 부모의 자리가 아닙니다. 부모의 자리는 공감하고, 지지하고, 격려하는 자리여야 합니다. 그 누구에게도 격려와 지지, 공감을 받기 어려운 사회입니다. 부모가 그 역할을 해야 한다는 사실을 잊지 마세요.

셋째, 긍정적인 감정이 나올 수 있는 주제를 찾아야 합니다. 정말 충고하고 싶은 부분이 있다면 먼저 긍정적인 내용을 5가지 정도 말하고 한 가지를 살짝 이야기해야 합니다. 밥 먹을 때 피해야 할 내용 중에는 성적과 게임 같은 것이 대표적입니다. 이런 주제로 대화하기 위해서는 긍정적인 감정을 나타낼 수 있는 5가지 이상의 주제를 먼저 이야기해서 마음이 좋아진 상태일 때 살짝 꺼내야 합니다. 물론 꺼내지 않는 것이 더 유익하지요.

명절에 어른으로서 하지 말아야 하는 대화 내용에 대한 글을 본 적이 있습니다. 그중에는 '함부로 근황 묻지 않기', '함부로 조언하지 않기', '함부로 탓하지 않기'가 있었습니다. 이렇게까지 해야 하나 싶지만 가장 핵심적인 내용은 부정적인 감정을 만들 우려가 있는 질문은 하지 말자는 것입니다. 취직, 결혼, 출산 모든 질문이 당사자에게는 부담되는 것이기 때문입니다.

마찬가지로 대화를 시작하는데 상대방에게 부담이 되는 주제를 선택하는 것은 어리석은 것입니다. 다만 자녀가 먼저 이야기하고 싶은 것이라면 얼마든지 이야기할 수 있어야 합니다. 그럼에도 불구하도 부정적일 수 있는 내용은 피하는 것이 좋습니다.

넷째, 대화에도 규칙이 있어야 합니다. 가족들과의 대화에서 몇 가지 중요한 원칙을 정하는 것이 좋습니다. 예를 들어 비난하지 않기, 진실만 말하기, 자리에 없는 사람에 관해서는 말하지 않기, 서로를 존중하며 이야기하기 등입니다. 이러한 기본적인 규칙을 만들면 훨씬 부드러운 대화를 할 수 있습니다.

요즘은 청소년들과 온라인으로 만나는 경우가 많습니다. 그때마다 대화의 원칙을 정합니다. 가장 먼저 제안하는 원칙은 '얼굴을 보며 대화하기' 다시 말해 '비디오 끄지 않기'입니다. 모든 멤버가 동의하면 서로 얼굴을 보며 즐거운 대화를 이어 나갑니다. 어느 날 이러한 규정

없이 대화를 시작했더니 멤버의 3분의 2 정도가 비디오를 끈 채 오디오로만 대화에 참여했습니다.

온라인은 특수성이 있으니 규칙이 필요하지만 오프라인에서 얼굴을 맞대고 하는 대화에 무슨 규칙이 필요하냐고 반문할 수도 있습니다. 그러나 암묵적으로만 지켜지던 규정을 공론화하여 정하고 나면 자유롭게 말하는 가운데 서로의 마음이 다치지 않도록 조심하게 되어 훨씬 유익한 대화가 됩니다.

규칙이라고 해서 거창하지는 않습니다. 예를 들어 식탁 대화를 시도한다면 대화 중 스마트폰 보지 않기, 다 먹었다고 해서 먼저 일어나지 않기, 모두 대화가 끝났다고 할 때까지 자리 지키기, 놀리지 않기, 누군가 말하려고 할 때 끼어들지 않기 등 기본적인 규칙이면 됩니다.

18

자녀 성장을 위한 스파크 대화법

우리에게는 존재하지 않는 것들을
꿈꿀 수 있는 사람들이 필요하다.
- 존 F. 케네디

자녀의 마음속에서 불씨 즉 스파크를 찾아 준다는 의미에서 'sparks'의 앞 글자를 따서 대화법의 원리를 만들었습니다. 스파크 대화의 요점은 옳고 그름의 문제가 아니라 유익의 문제로 접근하는 자세입니다. 옳을 것을 가르치려 하기보다 지금 자녀의 성장에 부모로서 어떤 태도가 유익한가 하는 것이 대화의 포인트입니다.

첫 번째 원칙은 대화 전 정서 체크(S: Spirit check)를 하는 것입니다. 자녀와 대화할 때 무엇보다 자녀의 마음 온도(감정)를 체크해야 합니다. 대화의 상대가 감정이 상해 있다면 어떤 대화도 유익하지 않기 때문에 마음이 어떤지를 먼저 확인해야 합니다. 정서 체크 시 가장 큰

145

전제는 마음은 옳고 그름이 없다는 것입니다. 예를 들어 어떤 사람이 화가 났다고 해서 그것 자체로 옳고 그름을 판단할 수는 없습니다. 화가 났다는 것을 받아 주어야 합니다. 즉, 옳고 그름의 이성적인 대화가 아닌 감정을 있는 그대로 받아 주는 방식을 사용해야 합니다. 화가 나서 힘들어 하는 자녀에게 "도대체 왜 화가 난 거니?"라는 질문은 유익이 없습니다. 먼저 마음을 받아 주어야 합니다.

대화를 시작할 때 현재 마음의 상태를 파악하고 공감할 준비를 해야 합니다. 부모가 미리 판단하고 평가한 후 바람직한 답을 제시하는 방식의 대화는 일방적으로 흘러가 버립니다. 그것은 더 이상 대화가 아니지요. 이때 가장 쉬운 방법은 자녀들이 감정을 표현한 단어를 반복해 주는 것입니다. 예를 들어 "전 지금 무척 화가 났어요!"라고 말했다면 "화가 났구나"라고 반복하여 되물으면 됩니다.

자신의 감정을 잘 모르는 아이들에게 감정에 이름을 붙이는 훈련은 매우 중요합니다. 나이가 어리다면 구체적인 사물을 통해 직유나 은유로 표현할 수 있습니다. 이미 자란 청소년이라면 추상적인 감정을 나타내는 단어를 사용할 수 있도록 격려함으로써 감정의 이름을 부르게 해야 합니다.

감정의 온도를 체크하는 방법은 다양하지만 "지금 마음을 점수로 나타낸다면 1~10점 중에 몇 점이야?"라고 확인하는 방법도 있습니다. 자녀가 "5점이요."라고 말했다면 "5점은 어떤 상태를 의미해?"라고 다시 물어봐 주세요. 자신의 마음을 점수로 나타내는 것을 어려워하거나 부담스러워한다면 "오늘 네 마음의 날씨는 어때?"라고 물을 수도 있습니다. 자녀가 "오늘은 마음이 흐려요."라고 답했다면 그 의미가 무엇인지 물어보면 됩니다.

이렇게 마음을 체크하는 이유는 마음을 확인해야 어떤 대화를 이 끌어 나갈지 결정할 수 있기 때문입니다. 게리 콜린스(Gary R. Collins) 는 저서 『코칭바이블』에서 이런 방식으로 질문했을 때 마음의 점수(온 도)가 7점 이하인 사람에게는 미래에 관한 건설적인 이야기는 하지 않 는다고 적었습니다. 점수가 낮은 이들에게는 정서적으로 따뜻하게 하 는 것이 먼저입니다.

일상에서의 대화가 없다 보면 무언가 지시해야 할 일이 있을 때만 대화를 하게 되고 결국 자녀는 부모와 대화하는 것 자체를 피할 수도 있습니다. 자녀와 대화하는 목적은 옳고 그름을 판단하는 것이 아니 라 자녀의 마음이 건강해지도록 하는 것입니다. 자녀의 마음 온도가 대화를 시작할 때보다 마칠 때쯤 더 따뜻해지는 것이 부모가 원하는 정보를 받아들이는 것보다 중요합니다.

두 번째 원칙은 목표(P: Purpose)를 분명히 하는 것입니다. 청소년들 의 일상적인 대화를 들어보면 이야기가 두서없이 왔다 갔다 합니다. 그러나 부모로서 혹은 멘토로서 청소년과 대화할 때는 오늘 나눌 대 화의 주제를 잘 찾아내야 합니다. 아이들은 자신이 어떤 내용을 말하 고 싶은지 정확히 말하지 못하는 경우가 많습니다. 그래서 대화를 할 때는 대화의 주제를 정하는 것이 핵심 기술 중 하나입니다.

만약 자녀가 학교에서 친구와 다툼이 있었다면 "오늘 학교에서 친구들과 어려움이 있었구나? 그러면 친구와 갈등을 해결하는 방법에 대해서 이야기해 볼까?"라고 목표를 정할 수 있습니다. 스스로 어떤 대화를 하고 싶은지 설명할 수 있는 아이는 그리 많지 않습니다. 부모는 대화 초기에 자녀와 어떤 주제로 말을 할 것인지 정리해 주는 기술이 필요합니다. 자녀의 이야기를 세밀하게 듣고 무엇을 말하고 싶은지 정리해 준다면 대화는 조금 더 쉽게 풀릴 수 있습니다.

이렇게 목표가 있는 대화를 위해서는 대화를 시작하는 단계에서 쓸데없어 보이더라도 이런 저런 이야기를 하며 서두르지 말고 대화의 주제를 찾아 나가야 합니다. 주제를 명확하게 할 수 있다면 50%의 목표를 달성한 것입니다.

주제가 없는 대화를 하다 보면 결국 부모가 원하는 이야기를 하게 되어 대화에 대한 자녀들의 흥미가 사라질 수 있습니다. 또한 사회에서 필요한 대화의 역량을 키워 주기 위해서라도 한 주제를 가지고 자신의 의견을 주고받는 경험은 무척 중요합니다.

자녀가 아직 어려서 이러한 대화가 불가능하다면 부모로서 스스로 대화의 목표를 명확히 하는 것이 중요합니다. 대화는 눈높이에 맞추는 상호적인 부분과 목표를 가지고 의도적으로 하는 두 가지가 필요합니다. 눈높이에 맞지 않는 것도 문제지만, 의도 즉 목표가 없는 대화는 부모와 자녀 사이의 교육적인 대화가 아닙니다. 성장을 위한 교육적인 대화를 위해서는 이 두 가지의 사이를 잘 이끌어 가야 합니다. 한쪽으로 치우치면 이것도 저것도 아닌 대화가 되고 맙니다.

스파크 대화법의 세 번째 원칙은 칭찬(A: Applause)을 적절하게 사용하는 것입니다. 성장기 청소년에게 필요한 것은 자신에 대한 확신입니다. 대화를 통해서 공감, 격려, 지지, 칭찬을 경험해야 합니다.

칭찬에도 전략이 필요한데 '동기'를 칭찬하는 것입니다. 결과를 보는 것이 아니라 대화 중에 발견한 자녀의 행동 속 동기를 칭찬하는 것이죠. 예를 들어 친구와 다툼이 있었다면 이야기를 들어 보고 "약한 친구를 도우려고 한 행동이었구나?"라며 동기를 알아 주어야 합니다.

정체성이 형성되지 않은 청소년기에는 생각보다 낮은 자존감을 가지고 있을 가능성이 높습니다. 따라서 자존감을 높여 주는 대화를 해야 합니다. 칭찬은 고래도 춤추게 한다고 말합니다.

예를 들어 아이들이 질서를 지키지 않는 친구 때문에 힘들었다는 것이 대화의 주제였다면 힘들었다는 것을 공감해 주는 것도 좋지만 "질서를 지켜서 모두가 편안하기를 원하는 것을 보니 너는 참 생각이 깊구나."라며 질서를 지키고자 하는 아이의 착한 마음 또는 그 내면을 칭찬해 주어야 합니다.

이런 대화 방식이 익숙하지 않을 수 있습니다. 그때는 자신의 말로 편하게 바꾸는 연습을 해 봐야 합니다. 이런 식의 칭찬과 격려가 자녀 스스로 내면을 자각하게 하고 장점을 기억하게 하여 대화의 에너지를 올려 줍니다. 계속해서 말하지만 평가와 판단을 골자로 하는 대화는 유익하지 않습니다. 대화가 꼭 부모의 의견을 주입하거나 합의를 통해서 결론을 내는 방식일 필요는 없습니다. 그러한 결론이 옳을 수는 있어도 자녀들에게 유익한 것은 아닐 가능성이 높기 때문입니다.

그리스 신화에 나오는 프로크루스테스라는 인물이 있습니다. 그는 아테네 교외의 언덕에 집을 짓고 살면서 행인들에게 강도짓을 했습니다. 자신의 집 앞을 지나가는 행인을 잡아다가 자신의 침대에 누이고 침대보다 작으면 억지로 늘려서 죽이고, 침대보다 크면 그 부분을 잘라서 죽였다고 합니다.

이런 이유로 '프로크루스테스의 침대'라는 말은 다른 사람의 생각을 뜯어 고치려는 행위를 비유하는 말로 쓰입니다. 부모로서 자녀에게 자신의 생각만을 주입하고자 하는 대화를 하고 있다면 마음에 프로크루스테스의 침대를 가지고 있는 것입니다.

누구나 자신만의 프로크루스테스의 침대가 있습니다. 그 침대에서 나 자신은 편안하게 누울 수 있지만 다른 사람을 그곳에 맞추려고 한다면 위험한 결과가 나오게 됩니다. 청소년기를 겪고 있는 자녀들의 생각은 날마다 무럭무럭 자라고 있습니다. 자녀를 존중하지 않은 채 부모의 생각에 맞추게 하려는 대화는 관계를 망가뜨립니다. 평가와 판단이 아닌 칭찬과 격려로 자녀를 성장시켜 주세요.

네 번째 원칙은 현실 인식(R: Realistic)을 통해 장애물을 찾아내도록 하는 것입니다. 목표를 이루거나 무언가에 도전할 때 장애물이나 어려운 현실이 무엇인가를 자녀 스스로 찾아낼 수 있도록 도와야 합니다. "친구와 친해지려는데 어떤 어려움이 있을까?"와 같은 질문은 자녀가 스스로의 약점 또는 물리적으로나 경제적, 시간적 문제를 찾아볼 수 있도록 통찰하게 합니다. 예를 들어 자녀가 성적을 올려야겠다며 의욕을 불태울 때 그것을 방해하는 어려움이 무엇인지 스스로 깨닫게 해야 합니다.

부모 : "성적을 올리는데 장애물이나 어려움이 있다면 뭘까?"

자녀 : "제가 게임을 너무 많이 하는 것 같아요."

부모 : "게임 시간을 줄이고 싶구나. 그러려면 어떤 방법이 있을까?"

자녀 : "(생각하고) 게임을 할 때 알람을 켜 놓으면 좋을 것 같아요."

부모 : "좋은데? 그런 생각을 하다니 지혜롭구나. 또 다른 방법이 있을까?"

자녀 : "방에서는 게임을 하지 않는 것이 어떨까요?"

부모 : "그래. 모두가 있는 거실에서 한다면 도움이 될 것 같다. 다른 방법 하나만 더 생각해 볼까?"

자녀 : "게임 계정을 하나만 남기고 나머지는 없애 버려야겠어요."

부모 : "훌륭하다. 네가 결심하는 것을 보니 각오가 느껴져."

이렇게 자녀가 이루고자 하는 목표를 세울 때 현실적으로 방해되는 점을 생각하고 찾아낼 수 있도록 질문하여 스스로를 체크하게 해야 합니다. 물론 한 번에 자신의 현실적인 장애물을 말하고 실천할 수 있는 사람은 많지 않습니다. 또한 이러한 대화를 위해서는 먼저 자녀와 좋은 관계가 형성되어 있어야 하고 대화의 수준도 올려야 합니다.

자녀가 걸림돌이 되는 점을 스스로 말하고 결단하려면 대화 상대인 부모를 신뢰해야 합니다. 자신을 판단하고 평가만 하려는 부모에게 자녀들은 자신의 약한 점을 드러내려 하지 않습니다. 그런 관계가 되기까지 대화의 양이 쌓여야 합니다. 이것이 자녀의 성장을 위해 대화의 시간을 늘려 가야 하는 중요한 이유입니다.

다섯 번째 원칙은 성장을 위한 핵심 단어(K: Keyword)를 찾는 것입니다. 목표를 달성하거나, 장애물을 극복할 수 있도록 마음에 힘을 주는 키워드를 찾아야 합니다. 대화를 하며 자녀가 직접 사용한 단어에서 키워드를 찾아내는 것이 중요합니다.

예를 들어 '강한 의지'라는 단어를 스스로에게 사용했다면 그 단어를 반복하고 강한 의지로 할 수 있는 일을 찾도록 도와야 합니다. 그런 일을 찾았을 때 자신이 누구인가를 느끼게 하고 머릿속으로 그려 보도록 해야 합니다.

핵심 단어를 찾는 것이 왜 중요할까요? 그 핵심 단어가 아이들의 존재를 드러낼 수도 있고, 장애물을 극복하는 힘이 될 수도 있습니다. 무심코 지나갈 수 있는 자녀만의 핵심 단어를 찾아내는 것이야 말로 자녀와의 대화에서 부모로서 할 수 있는 최고의 기술입니다.

부모 : "그렇게 성적을 올린 너를 상상해 봐."

자녀 : "제가 원하는 성적을 받았을 때 제 모습이요?"

부모 : "그렇지."

자녀 : "저는 유능한 사람 같아요."

부모 : "그래. 유능한 사람이 되는 것은 어떤 의미야?"

자녀 : "무언가 할 수 있는 능력이 있고, 사람들에게 인정받는 거예요."

부모 : "그래. 우리 ○○이는 분명 유능한 사람이 될 수 있을 거야."

이렇게 대화를 통해서 자녀가 듣고 싶고, 되고 싶은 자신의 모습을 표현하는 '유능함'이라는 단어를 찾을 수 있다면 큰 소득입니다. 자녀가 듣고 싶어 하는 단어인 유능함을 알맞게 사용함으로써 자녀의 자존감도 높일 수 있습니다.

마지막 원칙은 대화의 마무리에 다시 정서 체크(S: Spirit check)를 하는 것입니다. 자녀가 대화를 통해 정서적 감정이 어느 정도 변화했는지 아니면 정서적 온도 변화를 알아차릴 수 있도록 생각을 유도해야 합니다.

부모 : "엄마랑 말하고 나니 지금 마음은 어때?"

자녀 : "엄마가 제 이야기를 이렇게 들어주는 게 이상해요."

부모 : "그렇구나. 앞으로는 이야기하는 시간을 더 많이 갖자. 대화를 하고 나

니까 네 마음의 온도는 어떻게 변했어?"

자녀 : "시작할 때 마음이 흐렸는데 지금은 쨍쨍해요"/ "7점으로 시작했는데 8
점이 된 것 같아요."

이런 질문을 통해서 자녀가 스스로 자신의 마음의 온도가 어떻게
변화되고 있는가를 자각하도록 돕는 것이죠. 변화는 인간의 가장 안
정된 상태입니다. 우리는 부모로서 자녀의 에너지가 밝은 쪽으로 변
화하기를 바라지만 좋은 쪽이든 나쁜 쪽이든 계속해서 변화합니다.

대화의 마지막은 부모가 아닌 자녀의 의지로 끝나게 해 주세요.
"오늘 대화를 여기에서 마무리해도 좋을까?"라고 물어봄으로써 대화
의 마지막도 자녀가 선택했다는 마음을 갖게 하는 것입니다. 다른 부
분에서도 자녀가 선택할 수 있도록 해야 합니다. 그래야 적극적이고
효과적이며 효율적인 대화를 할 수 있습니다.

청소년기 자존감

청소년기 자존감이 왜 그렇게 중요할까? 자아존중감(Self-esteem)은 자신의 가치나 능력에 대한 태도, 평가, 감정을 말한다. 자존감이 높다는 말은 자신에 대해 높은 긍정적 가치를 둔다는 뜻이다. 청소년기에 들어서기 전 자신이 타인의 평가 대상이 된다는 것과 타인의 인정이 중요함을 인식하는 것이 일반적이다.

따라서 높은 자존감을 가지고 있는 청소년은 학업성취도는 물론이고 학교 적응 문제나 또래관계에도 원만함을 보이는 반면 낮은 자존감을 가진 청소년은 성적 부진과 학교 부적응, 자기 비하, 비행을 저지를 가능성이 높다.

최근 학교 교사들에 의하면 학생들의 '무기력'이 가장 큰 걱정거리라고 한다. 목표나 의욕 없이 성적 중심, 입시 위주의 교육 체계 안에 머무르며 자존감이 낮아질 대로 낮아져 무력감의 포로가 되어 버린 것이다.

청소년의 자존감 회복을 위해서는 자존감의 기초를 정상화시켜야 하는데 이를 위해서는 가정과 학교 모두의 노력이 요구된다. 가정에서는 조건부 사랑을 주의해야 한다. '성적이 잘 나오면, 부모말을 잘 들으면'이라는 조건 없이 '그대로도 괜찮아, 하지 않아도 돼, 그럴 수도 있지'라는 말을 통해 존재 자체로 사랑받을 만한 자격이 있다는 것을 알게 해 주어야 한다.

물질적으로 풍요로운 것, 우수한 성적으로 SKY에 입학하는 것, 사회적으로 존경 받는 위치에 오르는 것이 최고라는 가짜 자존감이 더 이상 자녀들을 괴롭히지 않도록 부모와 지도자가 먼저 의식을 바꾸어야 할 때이다.

『가짜 자존감 권하는 사회』(김태형, 갈매나무) 참조, 편집부 정리

19

꿈이 무엇인지 보여줄 수 있나요?

어디를 가든지 마음을 다해 가라.
- 공자

부모들을 만나면 자녀에게 꿈이 없다고 하소연합니다. 그러면 그 부모에게 묻습니다.

"어머니(아버지)에게는 어떤 꿈이 있나요?"

자녀가 잘되는 것이 부모의 꿈이 될 수 없습니다. 자녀가 잘되는 것은 결과적으로 그렇게 되는 것이지요. 사실 부모가 자녀의 성장을 위해 꿈을 가지도록 할 수 있는 일이 많지 않습니다. 그러나 자녀가 꿈을 꾸게 하려면 무척 간단한 방법이 하나 있습니다. 부모가 꿈을 꾸며 살아가는 모습을 보여주면 됩니다. 부모는 자녀의 거울이라는 말이 있지요. 자녀는 부모의 모습을 보고 배웁니다.

가족의 꿈은 엄마의 꿈, 아빠의 꿈, 그리고 자녀의 꿈이 모여서 이루어집니다. 누군가의 꿈이 다른 사람의 성공에 있다면 기대하는 사람도, 기대를 받는 대상도 삶이 무거울 것입니다. 자녀에게 꿈이 없다고 말하기 전에 부모로서 나는 어떤 꿈이 있는지 생각해 보기 바랍니다. 청년 때에 가졌던 꿈들이 지금은 모두 필요 없게 되었다고 말한다면 자녀들도 지금 꿈을 가질 필요가 없습니다. 언젠가 어른이 되면 꿈이 필요없어질 테니까요.

자녀들과 함께 보물지도를 그려 본 경험이 있습니다. 그 당시 일본 작가 모치즈키 도시타가(Toshitaka Mochizuki)의 『보물지도』를 읽었습니다. 작가는 자신의 꿈을 머릿속으로만 생각하지 않고 직접 기록하여 보물지도라고 이름을 붙였습니다. 그는 자신의 책이 세계적인 온라인 쇼핑몰인 〈아마존〉에서 베스트셀러가 되는 것을 비롯해 여러 가지 일에서 성취를 얻었습니다.

그가 절대적으로 추천하는 것이 자신만의 보물지도를 만들어 보라는 것이었습니다. 우리 가족은 전지를 하나씩 들고 자신만의 보물지도를 만들었지요. 그 이후 거의 매년 신년이 되면 자신만의 버킷리스트를 작성하는 것이 우리 가정의 전통이 되었습니다.

최근 아내는 오랫동안 놓고 있었던 영어 공부를 다시 시작했습니다. 새벽에 라디오에서 나오는 영어를 따라하며 공부합니다. 아내의 버킷리스트 중에 하나였지요. 저도 매일 잊지 않고 운동을 통해 건강한 몸을 만드는 것이 목표입니다.

자녀들과 함께 보물지도를 그려 본 경험이 있습니다.
책을 읽고 나서였지요.
그 후 신년이면 우리 가정의 전통이 되었습니다.

이렇게 무언가 계획하고 도전하고 조금씩 삶의 영역에서의 성취를 이루어 가는 습관은 청소년의 활동을 지도하면서 시작되었습니다. 청소년들에게 계획하고 실천하라고 하면서 정작 우리는 도전 없는 삶을 살고 있는 모습에 반성이 되어 무언가를 해 보자는 의미에서 계속해서 계획하고 실천하고 있습니다. 쉬운 목표도 있고, 소위 꿈이라고 부를 수 있는 것도 있습니다.

자아(ego)를 영어에서는 self로 표현합니다. 우리가 부모로서 자녀와의 관계에서 이기적인(selfish) 사람은 거의 없습니다. '아낌없이 주는 나무'는 못 되더라도 자녀들에게는 이타적인 사람이 되지요. 그러나 중요한 지점이 있습니다. 자녀를 키우기 위해서 나의 모든 것을 헌신하려고 할 때 아주 위험해 질 수 있습니다. 그래서 이기적인 것보다 더 좋지 않은 상태가 자아가 없는(selfless) 상태입니다.

부모로서 자녀에게 모든 것을 해 주면서 자신을 잃어버려 자아가 없어진다면 결코 자녀와 좋은 관계를 가질 수 없습니다. 자녀의 건강한 성장을 위해서라도 자신의 꿈이 있어야 합니다. 오늘이라도 내 꿈이 무엇이고, 나는 진정 무엇을 원하는 사람인지를 찾아보시기 바랍니다.

부모로서 자신의 재능, 꿈이 무엇인가를 곰곰이 생각하고 그 꿈을 위해 건강하게 성장할 때 자녀 역시 성장하고 가족도 함께 성장하게 됩니다.

20

자녀 양육은 부모 협업입니다

인생에 있는 큰 비밀은 큰 비밀 따위는 없다는 것이다.
당신의 목표가 무엇이든 열심히 할 의지가 있다면 달성할 수 있다.
- 오프라 윈프리

자녀 성장을 위해서는 부부 협업이 필요합니다. 사춘기 이전 아동의 경우 딸은 아빠와 아들은 엄마와 더 가까운 경향이 있지만 사춘기가 되면 이성의 부모에게는 거리 두기가 시작됩니다. 더 이상 과거의 양육 방식이 통하지 않게 되는 시간이 찾아온 것입니다.

남자아이를 양육할 때 유아에서 아동까지는 엄마가 기를 수 있지만 청소년기에서 성인이 되려면 아빠(남자)가 필요다고 합니다. 그러나 남자아이들이 성장할 때 남자다움을 가지고 있는 아버지를 오랜 시간 지켜보면서 자란 경우는 사실 드물지요. 가장 가까운 남자 어른인 아버지는 바쁘다는 이유로 아이들과 시간을 가지기 어렵습니다.

그렇게 자란 아이들은 유치원에 입학하면서 대부분 여성에 의해서 양육됩니다. 집에서도 엄마나 할머니와 같은 여성의 손에서 성장합니다.

여자아이는 이와 반대입니다. 아빠보다는 여성으로서 엄마와 동질감을 갖기 시작하며 도움을 필요로 합니다. 이 시기 남자아이건 여자아이건 간에 부모의 협업이 중요합니다.

우리 사회의 성에 관한 의식은 부부 양육의 균형을 잃어버렸기 때문에 만들어진 결과입니다. 농경 사회에서 자녀들은 아버지와 어머니가 무엇을 하면서 살아가는지 보고 자랐습니다. 아버지와 어머니의 역할은 다음 세대에도 그대로 이어졌지요.

산업 사회로 들어서면서부터 부모는 바쁜 일상을 보내게 되고 자녀들은 부모의 생업을 볼 수 없게 되었습니다. 아침 일찍 일터로 나갔다가 저녁이 되면 지친 얼굴로 들어오는 부모의 모습이 자녀들에게는 정상적으로 보이지 않았을 것입니다. 바쁘고 지친 부모의 역할 변화를 보면서 자란 세대가 지금의 X세대 혹은 Y세대 부모들입니다.

X세대와 Y세대는 부모가 되었지만 부모의 역할을 충분히 경험하지 못한 세대입니다. 부모의 역할도 동영상으로 배우고, SNS를 통해 정보를 공유하지요. 이런 저런 발달 이론들이 유튜브에 넘쳐납니다. 이런 부모 세대에게 가장 유익한 자녀 양육 방식은 무엇일까요?

첫째, 부모 모두 자녀 교육에 참여해야 합니다. 한때 사회적으로 기러기 아빠가 유행이었던 적이 있습니다. 아버지는 한국에 홀로 남아 경제적인 지원을 하고 어머니는 자녀와 함께 유학을 떠나 양육을 담당하는 형식의 가족이 낳은 자화상이었습니다. 간혹 부모 없이 홀로 유학을 가는 경우도 있었습니다. 이러한 형태로 부모로부터 격리되어 자란 아이들은 심각한 정서적 결핍을 앓게 됩니다. 이와 달리 가정에서 건강한 부모의 역할을 경험하면서 자라난 아이들이 균형 잡힌 성장을 할 가능성이 높습니다.

조기 유학을 떠났던 청소년들 중에는 성인이 되었을 때 부모 없이 타국 생활을 했던 청소년기의 경험이 트라우마가 되어 공포라는 감정 때문에 고생하는 경우가 종종 있습니다. 이들은 삶에 문제가 닥치면 머릿속이 하얗게 변하는 현상을 경험합니다. 스펙을 쌓는 것보다 건강한 가정 환경이 왜 중요한가를 더 고민해야 할 때입니다.

둘째, 양육 태도의 일관성을 가져야 합니다. 어떤 양육 방식이 옳은가 하는 것은 문화마다, 시대마다 그리고 가정마다 달라질 수 있습니다. 각각 특수한 환경이 존재하기 때문입니다. 그러나 양육 태도만은 일관성을 유지해야 합니다.

만일 부모의 양육 태도에 일관성이 없다면 자녀들은 자신의 태도에 확신을 가지지 못하고 부모의 눈치를 살피게 될 것입니다. 그날그날 부모의 감정 상태에 따라 변하리라는 것을 알고 있는 아이들은 판단의 기준이 부모의 감정 상태가 됩니다. 일관성과 원칙이 없습니다.

셋째, 부부가 서로 지지하는 태도를 보여야 합니다. 부부가 서로를 이해하고 자녀들에게 합의된 모습을 보여줄 때 자녀들은 안정감을 갖습니다. 부부의 의견과 행동이 일치하지 않으면 아이들은 자신의 요구를 들어줄 사람에게 다가갑니다. 또한 양쪽 부모 중에 오늘은 누구의 편이 되어야 하는지를 고민하게 되지요.

특히 자주 다투는 부모 아래 자란 아이들은 '엄마의 눈'을 갖게 될 가능성이 큽니다. 엄마의 눈으로 아버지를 바라보고, 비난하고, 미워하기도 합니다. 절대로 아버지 같은 삶을 살지 않을 거라고 생각합니다. 그렇게 자란 아이들은 아버지와의 친밀감을 경험할 수 없습니다. 자신의 눈이 아닌 엄마의 눈으로 아버지를 바라보기 때문에 아버지는 절대로 이해할 수 없는 존재가 되기 때문입니다.

가끔 부모 상담을 하다 보면 아내가 자녀를 훈계할 때 남편이 어떤 태도를 취해야 하는지에 대한 질문을 받는 경우가 있습니다. 또는 가정에서 아빠가 아이들을 혼내려고 할 때 아내가 아이들의 방패가 되어 부부 간에 다툼이 있었다는 이야기를 듣기도 합니다.

문제가 있는 부부가 아니라면 무조건 부부는 한 편이 되어야 합니다. 아내가 아이를 훈육할 때 아버지는 아내를 지지해야 합니다. 동의할 수 없는 부분이 있다면 침묵하는 지혜가 필요합니다. 나중에 부부끼리 둘만 있는 자리에서 해당 문제에 대해 합의를 보는 것이 좋습니다. 아버지가 자녀를 양육할 때도 마찬가지입니다. 그래야 아이들이 부모의 사이를 파고들어 자신에게 유리한 점을 만들고자 하는 시도를 하지 않습니다. 뿐만 아니라 부모의 양육에 관한 일관성 있는 태도는 자녀에게 안정감을 주게 됩니다.

21

부모는 좋은 정원사입니다

위대한 성취를 하려면 행동하는 것뿐만 아니라,
꿈꾸는 것도 반드시 필요하다.
- *아나톨 프랑스*

부모 역할을 비유할 때 가장 좋은 것이 바로 정원사(Gardener)입니다. 부모나 코치는 정원을 가꾸는 정원사와 같습니다. 성경에서도 태초의 인간이며 인류의 조상이라고 말하는 아담과 하와는 에덴동산을 가꾸는 정원사 임무를 받았습니다.

정원사로서 가장 중요한 역량은 성실함입니다. 아침부터 저녁까지 자신의 자리를 지키는 것이 정원사의 가장 중요한 임무입니다. 어떤 정원사가 좋은 정원사일까요? 어째서 부모의 역할을 정원사와 같다고 하는 걸까요? 지금부터 살펴보겠습니다.

좋은 정원사는 첫째, 울타리를 잘 형성합니다. 가정이라는 울타리는 아주 중요한 물리적, 정서적 경계를 말합니다. 경계라는 것은 담이나 벽을 의미하지 않습니다. 가정이라는 경계는 위험으로부터 보호하는 울타리를 말합니다. 좋은 것은 가지고 들어올 수 있고, 나쁜 것은 울타리 밖으로 내어 놓을 수 있어야 합니다. 울타리에 문을 달되 문고리는 가정 안에서 열 수 있도록 만들어야 합니다. 만일 울타리의 문을 밖에서 들어오는 사람이 마음대로 열 수 있다면 상당히 불안할 것입니다.

누군가 물리적으로 가정의 울타리를 침범했다면 막아서고 내보내야 합니다. 물론 울타리를 지키는 역할은 부모가 합니다. 많은 경우 아버지는 물리적인 울타리를 어머니는 정서적인 울타리를 만드는 역할을 하지요.

부모 교육을 하다 보면 원가족(친정이나, 시댁)으로부터 분리되지 않은 가정을 만나곤 합니다. 할머니(할아버지)라도 가정의 울타리를 침범했다면 막고 내보내야 부부 사이에 심각한 문제가 발생하지 않습니다. 부모로부터 분리되는 것을 부정적으로 교육받은 사람들은 물리적, 정서적, 경제적인 울타리를 만드는 것이 마치 불효(不孝)를 저지르는 것이라 여겨 죄책감을 느끼기도 합니다. 그런 마음이 있는 사람들은 무엇이든지 항상 원가족과 함께 하려고 하지요.

건강한 경계를 형성하지 못한 부모 밑에서 자란 아이들 역시 경계가 없이 성장합니다. 또한 자신의 경계가 없는 사람들은 다른 사람이나 가정에도 경계가 없다고 생각하기 쉽습니다. 따라서 자신의 경계도 지키지 못할 뿐만 아니라 다른 사람의 경계도 쉽게 침범하는 우를 범합니다. 흔하게 겪는 개인 간의 문제도 정서적인 경계가 지켜지지 않아 발생하는 경우가 많습니다. 부모는 자녀를 위해서 가정의 울타리를 튼튼하게 만들어야 합니다. 자녀가 울타리 안에서 편히 쉴 수 있고, 외부인은 허락을 받을 때만 들어올 수 있는 안전한 공간을 만들어 주어야만 합니다.

정서적인 경계 중에 가장 중요한 것은 규칙(Rule)입니다. 자녀들에게 가정 안에서 서로가 지켜야 할 규칙을 분명하게 알려 주어야 합니다. 이때 규칙은 상호적인 대화를 통해서 만듭니다. 예를 들어 어떤 가정에서 외박을 금하는 규칙이 있다면 이 규칙이 가정의 경계입니다. 이 부분은 충분한 대화를 통해서 자녀들에게 전달되어야 합니다. 만일 경계가 무너지는 일이 발생했다면 심각하게 대화를 나누어야 하지요. 이러한 경계는 가정마다 다를 수 있습니다. 또한 가정과 학교의 경계가 다를 수 있고, 가정과 문화적인 경계도 다를 수 있습니다.

가정의 경계가 변할 수 없는 진리가 될 수는 없습니다. 가족이 원한다면 대화를 통해서 변화시킬 수 있어야 합니다. 그럼에도 경계가 없는 가정은 경계 없는 자녀를 만들기 때문에 건강한 경계를 형성하는 것은 매우 중요한 부모의 역할입니다. 이렇게 건강한 경계를 가지고 있는 가정의 아이들은 개인적인 경계도 건강하게 형성합니다. 친구들이나 다른 압력에 "No"라고 자신의 경계를 분명히 드러낼 줄 알며 순종적이기만 한 것이 아니라 자신의 명확한 경계를 나타내는 주도적인 청소년으로 성장합니다.

둘째, 좋은 정원사는 자신의 정원에 들어온 꽃들이 무엇을 원하는지 세밀하게 관찰합니다. 꽃마다 원하는 환경이 다르기 마련입니다. 수분이 많이 필요한 꽃은 물가에 심어 주고, 마른 땅에서 더 잘 자라는 식물은 모래 위에 옮겨 주어야 합니다. 자녀들도 마찬가지입니다. 자녀를 여럿 키워 본 사람들은 쉽게 알 수 있는 일입니다.

아이들은 모두 자신만의 요구와 문제와 결핍이 있습니다. 그렇기에 성장을 위한 규격화된 방법은 존재하지 않지요. 자녀마다 다른 특성을 가지고 있다면 그 특성을 알아차리고 거기에 맞는 성장 환경을 조성해 주어야 합니다. 어떻게 알아차릴 수 있냐고요?

자세히 보아야 예쁘고, 오래 보아야 사랑스럽다고 한 나태주 시인의 통찰처럼 아이들의 특징은 자세히 보아야 보입니다. 오래 보면 아름다운 구석을 찾을 수 있습니다. 그렇게 되면 어떤 환경을 제공해야 하는지 통찰을 얻을 수 있지요. 자녀에게 가장 좋은 성장 토양을 제공해 주는 것이 부모의 역할입니다. 사실 다른 어떤 사람보다 자녀에 대해 오래 보고, 자세히 보고, 많이 생각하는 사람은 없습니다. 자녀에 대해 가장 많이 알고 있는 사람은 부모임을 잊지 마세요.

소위 교육 전문가들은 규격화되고 표준화된 상황에서 보편적인 진리만을 제시합니다. 그런 지식도 중요하지만 가장 중요한 것은 자녀를 가장 오래 보고 많이 생각했던 사람, 바로 부모의 통찰입니다.

부모가 전문가라는 것은 자녀를 사랑으로 오래 보았다는 전제를 가지고 말하는 것입니다. 사랑하게 되면 오래 보게 되고 그러면 전문가가 되는 것이 세상 이치입니다. 과감하게 말할 수 있는 것은 자기 자녀에 대한 전문가는 부모 자신이라는 것입니다. 가정이라는 정원 안에서 자녀라는 꽃을 자세히 살필 때 성장을 위한 지혜를 얻게 됩니다.

셋째, 좋은 정원사는 성실함으로 정원을 돌봅니다. 정서적으로 어려움을 안고 있는 아이가 수개월간 식물을 보살펴서 열매를 맺게 했다면 그 아이는 정서적으로 큰 성장을 하게 됩니다. 왜 그럴까요? 매일같이 성실하게 물을 주고, 보살피며 필요를 관찰했기 때문입니다. 자녀에게 일주일에 한두 번 좋은 것을 주었다고 해서 아이들이 훌륭하게 성장하지는 않습니다. 정원을 돌보는 정원사처럼 매일같이 세심하게 보살펴야 합니다.

식물을 잘 못 키우는 사람들은 오랜 기간 물을 주지 않아 말라비틀어지거나 그와 반대로 물을 너무 많이 주어서 썩어버리도록 합니다. 난을 키울 때는 뿌리를 말려 주어야 할 때도 있는데 말이지요. 숙련되지 못한 정원사는 물을 많이 주고, 영양분을 과다하게 공급해서 어려움을 겪기도 합니다. 매일 성실하게 식물을 관찰하며 적당량을 공급해야 합니다. 우리 자녀들에게도 매일 적당량의 사랑과 관심을 보여 주세요. 때로는 사랑의 표현도 과한 것이 모자란 것만 못한 경우도 있으니 자녀를 잘 살펴 완급을 조절하는 것도 중요합니다.

자녀에게 일주일에 한두 번 좋은 것을 주었다고 해서
성장하지는 않습니다. 정원을 돌보는 정원사처럼
세심하게 보살펴야 합니다.

22

문제 부모의 세 가지 유형

세상의 중요한 업적 중 대부분은 희망이 보이지 않는 상황에서
끊임없이 도전한 사람이 이룬 것이다.
- 데일 카네기

자녀는 부모의 거울이라는 말이 있듯이 자녀가 부모를 닮는 것은
당연한 일입니다. 거의 20년도 더 된 이야기입니다. 어느 여름날 저
녁, 아내가 집을 비워 아이들과 함께 시간을 보내고 있었습니다. 밤이
되어선지 선선한 기운이 돌아 둘째에게 선풍기를 끄라고 했지요. 그
랬더니 멀쩡하게 서 있던 아이가 선풍기 주변에 발라당 드러눕고는
발가락을 움직여 선풍기를 껐습니다.

어이가 없어 나무랄까 하다가 아들의 모습에서 제 모습을 발견했
습니다. 자녀들은 가르쳐 준 대로 행동하지 않고 보여준 대로 합니다.
그날의 일은 저에게 큰 교훈으로 남았습니다.

현장에서 청소년들을 지도하다 알게 된 부모 중에 완전한 부모는 없었습니다. 좋은 부모 안에도 나쁜 면이 있고, 나쁜 부모라 할지라도 안을 들여다보면 좋은 부분이 있었습니다. 우리가 순진하게 생각하듯이 완전하게 옳고 그름이 나누어져 있지 않았던 것이죠. 선과 악이 완전히 분리되지 않는 것처럼 말입니다.

그럼에도 불구하고 자녀에게 치명적인 영향을 끼쳐 피해야 할 부모의 특징들은 분명히 있습니다. 그런 부모의 유형은 다음과 같습니다.

첫 번째는 왕이 되려고 하는 부모입니다. 부모가 성취욕이 지나치게 많아서 끝없이 오르기만 하는 경우가 있습니다. 마치 조용필의 〈킬리만자로의 표범〉이라는 노래 가사에 등장하는 표범처럼 끊임없이 성취할 거리를 찾습니다.

가정에서 아버지가 왕이 되려고 한다면 아내는 왕비가 되고 아이들은 왕자와 공주가 될까요? 그렇지 않습니다. 왕이 되고자 하는 아버지가 있는 가정의 아내는 왕비가 아니라 시녀로 전락합니다. 아이들은 왕자와 공주가 아니라 눈치를 봐야 하는 어린 종들이 되어 버립니다. 비극이지요. 반대로 어머니가 그런 성향을 가졌다 해도 마찬가지입니다.

부모가 세상의 중심일 때 자녀들은 액세서리가 될 가능성이 높습니다. 자녀의 성취와 사회적인 인정을 자신을 빛내는 도구로 사용하고자 하는 부모는 필연적으로 자녀들을 불행하게 만들어 버립니다.

부모를 위해 사는 것에 익숙해져 삶의 주인으로 살아갈 기회를 놓치기 때문입니다. 부모가 자신의 인정, 성취 욕구, 대리 만족을 위해 자녀를 교육하고자 하는 욕심을 내려놓을 때 훨씬 유익한 부모가 될 수 있습니다.

부모로서 우리는 왕과 왕비가 되려고 하지 말아야 합니다. 오히려 어느 때라도 왕과 왕비가 우리 가정에 방문해도 불편함 없이 묵을 수 있는 아름다운 가정을 만드는 것이 부모의 할 일입니다. 부모로서 존귀한 사람들이 머물 수 있는 가정을 꾸밀 수 있다면 이웃들은 왕의 친구인 부부를 존귀하게 대할 것이고 자녀들 역시 귀한 사람으로 자라게 될 것입니다.

부모가 가정의 주인이 되려고 하지도 말아야겠지만 자녀도 왕으로 키우려고 노력하지 마시기 바랍니다. 자녀들의 마음 한편에 왕이 와서 함께 해도 좋을 만한 공간을 만들어 주면 그 아이는 존귀한 대우를 받는 사람이 될 것입니다. 왕의 친구로, 왕비의 친구로 아이들을 성장시켜야 합니다.

중국에는 이른바 '바링허우 세대'가 있습니다. 이들은 '소황제'라고 불리는데 1979년 중국이 1가구 1자녀 정책을 시행한 후 태어난 세대를 말합니다. 이들은 외동으로 자란 데다 중국의 개혁 개방 이후 경제적으로 어려움 없이 자란 젊은이들입니다. 때문에 바링허우 세대는 이기적이고, 씀씀이가 헤픈 세대로 평가되곤 하지요.

그러나 이들은 스스로를 전 세대를 통틀어 가장 불쌍한 세대라고 합니다. 중국의 1990년대 생인 '주링허우 세대'와 2000년대 생인 '링링 허우 세대'역시 비슷한 상황입니다. 이들은 마치 중국의 황제처럼 귀 하게 자란 세대이지만 내면의 자기중심적인 사고는 이들을 더욱 불행 하게 만들고 있습니다.

1980년대 생인 바링허우 세대가 이제 부모가 되고 있습니다. 그들 은 자신들이 부모의 역할을 해야 하며, 또한 부모 세대를 모시고 살아 야 한다는 부분을 받아들이기 어려워합니다. 황제처럼 성장했지만 가 장 슬픈 세대가 되어 가고 있는 것입니다.

피해야 할 부모의 유형 두 번째는 감정을 제어하지 못하는 부모입 니다. 감정을 잘 표현하는 것은 좋은 일입니다. 그러나 부모가 감정이 잘 제어되지 않아 감정에 휘둘리는 모습을 보여주는 것은 자녀들에게 독이 됩니다. 만일 아버지는 폭력적으로 분노를 계속해서 분출하고 이에 순종적인 어머니의 모습이 가정의 문화인 자녀들은 자라면서 어 떻게 될까요? 아이들은 폭력적 분노가 주는 유익을 학습하게 되고 그 렇게 자신의 태도를 고정할 것입니다.

가정에서 감정을 나타내고 서로 소통하는 태도는 매우 중요합니 다. 그러나 감정을 통제하지 못해 발생하는 문제를 자녀들에게 여과 없이 보여주는 것은 자녀들 역시 그렇게 만들 가능성이 높아집니다. 부모가 자신의 감정을 파괴적으로 표출하는 모습을 보고 자라는 아이 들은 똑같은 방법으로 다른 사람을 제어하려고 할 테니까요.

누구나 참지 못할 만큼의 분노 감정을 경험할 때가 있습니다. 약 10년 전 제 안에 있는 분노가 왜 만들어졌는지 성찰하다 상당히 놀라운 발견을 했습니다.

제가 화를 내는 경우를 곱씹어 보니 대부분이 무언가 서투른 사람을 발견할 때였습니다. 운전을 하다가도 서투른 운전으로 앞을 가로막는 차를 마주했을 때, 함께 일하는 직원이 유능하지 못해 헤맬 때, 자녀들이 약간은 어리석은 행동을 보일 때 정서 깊은 곳에서 화가 올라왔습니다. 아내도 그런 저를 이해할 수 없었지요.

'청소년지도'를 전공하며 상담을 공부하고 사람에 관한 지식이 하나하나 쌓여 가면서 제 모습이 곧 아버지의 모습이라는 것을 깨달았습니다. 아버지가 화내고 분노했던 상황과 비슷한 상황에 맞닥뜨리면 여지없이 마음속에 무언가 불끈 올라오는 것을 알게 되었습니다.

그 모습을 깨닫고는 아내와 자녀들에게 미안한 마음이 들었습니다. 하루는 가족들을 모아 놓고 아버지가 화내던 모습은 돌아가신 할아버지 모습을 그대로 닮은 거라고 설명하며 사과했습니다. 이후 딸아이는 제가 화를 내려고 하는 것 같으면 "아버지, 할아버지 오셨어요!"라고 말합니다. 그러면 가족 모두 웃음을 지으며 그 상황을 넘어가게 됩니다.

특히 분노형 성격을 가진 부모님들은 제 경험을 더 잘 이해하리라 생각합니다. 누구나 항상 평온한 감정일 수는 없습니다. 어느 때는 분노에 휩싸이기도 하고, 어떤 때는 우울한 감정에 빠져들기도 합니다.

건강한 부모는 감정이 한쪽으로 치우치지 않도록 고삐를 잘 쥐고 조절하는 부모입니다.

자녀에게 감정을 제어하도록 훈련시키는 것은 매우 어렵습니다. 그러나 감정을 무너뜨리는 것은 단번에 할 수 있습니다. 자녀를 무너뜨리는 가장 쉬운 방법은 감정을 조절하지 못하고 파괴적으로 행동하는 모습을 보여주는 것입니다. 나아가 이렇게 감정이 조절되지 않는 원인을 자녀의 탓으로 돌리거나 합리화해 버리는 부모라면 자녀의 감정을 무너뜨리는 것은 시간 문제입니다.

세 번째로 피해야 하는 부모의 유형은 너무나 비판적인 부모입니다. 비판적 사고 능력은 중요한 역량 중 하나입니다. 그러나 건강한 비판을 넘어 부정적으로 날 선 비난을 서슴지 않는 성향을 가진 사람들이 있습니다.

만일 부모가 이렇게 과도하게 부정적일 때 자녀들은 큰 영향으로부터 자유로울 수 없습니다. 부정적인 시각을 가진 사람은 사람을 믿지 않습니다. 물론 자녀도 믿지 않지요. 자녀도 자라면서 부모가 자신을 믿지 않고 있다는 것을 깨닫게 됩니다.

이런 분위기의 가정에서 자란 아이들은 어떨까요? 자신의 일을 빠르게 처리해 결과물을 만들지 못합니다. 뿐만 아니라 자신이 만든 결과물을 남들 앞에 내놓는 것을 주저합니다. 그들에게는 완전하지 않을 용기가 없기 때문입니다. 이미 부모의 말이나 행동을 통해서 완벽해야만 인정받을 수 있다는 신념이 형성되어 버린 탓이지요. 실수를 용납하지 않는 부모의 모습을 보며 스스로에게 결벽증과 같은 성격을 갖게 됩니다.

타인에게 비판적이라는 것은 자신에게도 비판적인 잣대를 대고 있음을 뜻합니다. 이러한 성향의 부모가 있는 가정은 완벽하지 않은 것은 곧 나쁜 것이기 때문에 가정 내에서 누구도 의견 내기를 꺼려하게 됩니다. 조금만 잘못하면 비판의 대상이 되고 비웃음의 대상이 될 것이기 때문입니다. 이러한 아이들에게는 미움 받을 용기, 실수할 용기, 완벽하지 않을 용기를 알려 주어야 합니다.

비판적인 부모 아래서 자란 자녀들의 머릿속에는 언제나 "그것밖에 안 되니?"라는 부모의 목소리가 들립니다. 그러니 매사에 소극적이 될 수밖에 없습니다. 또한 실수하지 않기 위해서 도전하지 않습니다. 도전적인 과제는 실수를 유발할 수 있기 때문에 위험한 행동이라고 인식하게 됩니다. 자신에게 주어진 권한과 책임을 수행하는 것 역시 무척이나 어려워하게 됩니다.

자신이 이렇게 과도하게 비판적인 부모의 얼굴을 가졌다면 가장 먼저 해야 할 일은 스스로를 용서하고 받아들이는 일입니다. 그때 아주 효과적으로 사용할 수 있는 말이 앞서 언급했던 "괜찮아, 내 잘못이 아니야."입니다. 스스로에게 가해지는 비판적인 목소리를 내려놓고 자기 자신을 용납하는 훈련을 해 보세요. 자녀들에게 훨씬 부드러운 부모가 될 수 있습니다.

제 경우에는 아버지가 매우 비판적인 분이셨습니다. 6·25세대로 북한에서 피난을 내려와 혼자 자랐기에 누구도 믿지 않으셨습니다. 명석한 분이셨지만 다른 이들 누구도 인정하지 않으셨습니다. 둘째 아들이었던 제게 직접적으로 부정적인 비판은 하지 않으셨지만 아버지의 영향으로 실패를 무척 싫어합니다. 무언가 완벽하다고 생각하기 전까지는 내놓으려고 하지 않습니다. 젊은 시절에는 누군가의 비판에 무척 예민했지요.

이 이야기를 잘못 이해하면 '잘되면 내 탓', 잘못되면 조상 탓'이 될 수 있습니다. 그런 말을 하려고 하는 것이 아님을 독자들은 잘 이해해 주리라 생각합니다.

부모로서 자녀의 마음과 자녀의 환경을 이해하는 것은 무척 중요하지요. 하지만 자녀를 칭찬하고, 지지하고, 격려하며 건강하게 성장시키기 위해서는 부모가 자신을 잘 해석할 수 있어야 합니다. 스스로를 이해하고 받아들이고, 용서할 수 있을 때 비로소 자녀들에게 건강한 부모의 역할을 시작할 수 있습니다.

23

자녀에게 알려 줘야 할 다섯 가지 진실

진정으로 웃으려면 고통을 참아야 하며,
나아가 고통을 즐길 줄 알아야 해!
- 찰리 채플린

지금까지 삶의 현장에서 많은 청소년을 만났고 그들이 성장하는 모습을 지켜보았습니다. 잘 성장한 경우도 있고, 그렇지 못한 경우도 있습니다. 그들을 보며 청소년의 성장기에 유익이 되기 위해 꼭 알아야 할 것들이 무엇이 있는가를 깊이 생각해 보았습니다. 청소년들에게 꼭 알려 주어야 할 다섯 가지 진실은 이렇습니다.

첫째, 사람은 누구나 죽는다는 것입니다. 청소년기를 거치고 있는 아이들에게 가장 유익했던 것은 역설적이게도 죽음을 인식하게 하는 것이었습니다. 죽음은 누구나 예외 없이 겪어야 한다는 것을 알려 주어야 합니다. 청소년 시기에 위험천만하게 오토바이를 타고, 싸움을 하고, 약물을 복용하는 이유는 자신이 '불멸의 존재'라는 자기중심적인 생각 때문입니다. 이제 막 시작하는 이에게 마지막을 떠올리게 함으로써 삶을 조금 더 진지하게 받아들이는 지혜를 줄 수 있습니다.

로마 제국 당시 장군들은 승리를 거두고 돌아오게 되면 개선문을 지나 행진하는 전통이 있었습니다. 마차를 타고 개선하는 장군을 위해 승전가를 울리며 모든 시민이 환호를 합니다. 시민들은 소리를 지르기도 하고 꽃을 던지기도 합니다. 마치 요즘 아이돌 그룹과 같은 상황입니다.

이러한 로마의 개선식에는 한 가지 전통이 있었다고 합니다. 박수와 갈채를 받으며 개선하는 장군 뒤로 노예들이 따라오면서 "죽음을 기억하라(Memento mori)"라고 외치게 했습니다. 삶의 가장 화려한 순간에 인간으로서 자신의 한계를 기억하게 하여 겸손하고 진중한 장군이 되게 하려는 의도였습니다. 자녀들에게도 가장 꿈이 많은 청소년 시기에 죽음을 알려 주는 것은 중요한 일입니다.

한창 꿈이 많은 청소년들에게 죽음을 가르친다는 것은 쉬운 일이 아닙니다. 그럼에도 그들에게 죽음을 의식하게 하는 것은 유익합니다. 청소년들을 오래 만나다 보면 일찍 세상을 떠나 버리는 친구들을 보게 됩니다. 사고로 죽는 경우도 있고, 자신의 삶을 비관하여 자살을 선택하는 경우도 있습니다.

특히 우리 사회의 청소년 사망 원인 1위가 자살이라는 것은 누구나 알고 있는 사실이지요. 역설적이지만 청소년들의 자살을 막는 가장 좋은 방법은 죽음에 대해 알려 주는 것입니다. 죽음의 문제를 인식하는 것은 간단하지 않습니다. 인류의 역사를 통해 지금까지 죽음의 문제를 명쾌하게 해결한 사람은 없었습니다. 죽음과 그 이후에 관한 설명은 세계관, 종교, 철학 그리고 문화적인 것이 총망라되어 섞여 있기 때문입니다.

인간은 자신의 죽음을 생각할 때 더 솔직해지고, 철학적 사고를 하게 되며, 더 윤리적으로 변할 수 있습니다. 물론 그와 반대로도 변할 수 있지요. 내일 지구의 멸망이 다가온다고 할지라도 한그루의 사과나무를 심겠다는 스피노자 같은 철학자도 있지만, 멸망에 앞서 오늘을 즐겨야 한다는 쾌락주의적인 철학을 가진 사람도 있습니다. 옳고 그름의 문제를 떠나 죽음은 모든 철학적 사고를 시작하게 하는 힘이 있습니다.

청소년 자녀들과 죽음 그리고 사후 세계 또는 삶의 의미와 같은 묵직한 주제들을 나누어 보시기 바랍니다. 변치 않는 사실인 '사람은 모두 죽는다'라는 절대 명제를 알게 될 때 자신의 한계를 인식하고 진지한 삶을 추구하게 됩니다. 뿐만 아니라 과거 선조들의 죽음과 묘지를 보여줌으로써 자신의 정체성을 찾는 계기가 되기도 합니다.

자녀들에게 알려 줘야 할 두 번째 진실은 자신이 생각만큼 중요한 존재가 아니라는 것입니다. 아동기에는 자신에게만 관심이 있는 부모를 보며 세상의 중심이 자신이라고 생각합니다. 이러한 아동기의 자기중심적인 생각은 건강한 성장의 지표이기도 하지요.

그러나 청소년기가 되면 여러 가지 사건을 경험하며 세상의 중심이 자신이 아니라는 것을 알게 됩니다. 부모는 청소년 자녀에게 꿈과 희망을 심어 주어야 하지만 자신이 세상의 중심이라는 생각에서 벗어날 수 있도록 지도해야 합니다. 다시 말해 '내가 중요한 만큼 다른 사람도 중요하다'라는 사실을 알게 해야 합니다.

자녀들의 자존감을 높이기 위해서는 여러 번에 걸쳐 성공의 경험을 하도록 해야 하는 것이지 자신이 세상의 중심이라는 아동기적 꿈을 연장시켜서는 안 됩니다. 자신이 세상의 중심이 아니라는 깨달음을 통해 이웃을 생각하게 되고, 환경을 보호하고, 청지기로서의 삶을 깨닫게 됩니다.

인류를 어려움으로 빠뜨린 많은 왕과 독재자의 마음속 깊이 자리잡고 있는 생각이 다른 사람들과는 다른 존재라는 특권 의식입니다. 특권 의식을 가진 채로 성장하면 주변 사람들을 이용하고, 자연을 파괴하고, 내가 주인공이 되는 삶을 꿈꾸게 될 것입니다.

이들이 성장하여 가정의 리더가 되고, 공동체의 지도자가 될 때 불행은 시작됩니다. 아동기에서 청소년기로 접어든 자녀에게 다른 사람의 존재도 중요하다는 사실을 꼭 알려 주세요.

자녀들에게 전해 주어야 할 세 번째 진실은 삶은 계획대로 되지 않을 수도 있다는 것입니다. 자녀들에게 20대와 30대에 어떻게 살 것인지 계획하라고 강요하는 분이 꽤 많습니다. 저도 과거 청소년 프로그램을 진행하면서 미래에 대해 계획을 하도록 했었지요.

확실한 계획을 세우고 착실히 준비하면 그렇게 될 것이라고들 이야기합니다. 하지만 어른들에게 물어 보세요. 지금 하고 있는 일을 중·고등학교 시절부터 자신의 직업으로 계획하고 준비했던 분들이 얼마나 될까요? 많지 않습니다. 우리의 앞날은 모르는 일입니다.

청소년들에게 바로 지금 최선을 다해 살도록 지도해야 합니다. 희미한 미래를 위해서 확실한 현재에 무엇을 하느냐가 무엇보다 중요합니다. 삶은 언제나 변할 수 있다는 것을 인식하고, 그 부분을 스스로 통제할 수 없다면 변화를 수용하고 적응을 위해 꾸준히 노력해야 한다는 것을 알려 줘야 합니다.

삶이 우리가 계획한 대로 흘러간다면 얼마나 좋을까요? 그러나 우리가 계획한 것과 다르게 흘러갈 때가 많습니다. 그렇기에 항상 겸손한 자세로 모든 것에, 특히 지금 주어진 현재를 감사할 수 있어야 합니다. 현재 역시 과거에 세운 나의 계획으로 만들어진 것이 아니라 선물로 주어진 것이기 때문입니다.

계획대로 삶이 흘러가지 않을 때 사람들은 의미를 다시 부여하고 삶을 재해석하지요. 자녀들에게 무언가 계획에서 어긋날 때 다시 삶을 해석할 수 있는 힘을 길러 줘야 합니다. 무엇보다 지금 자신이 처한 상황에서 최선을 다해야 함을 일깨워 주어야 합니다. 과거의 경험도, 미래의 계획도 모두 현재의 최선을 위해 필요한 것입니다.

네 번째 진실은 내 시간과 내 공간이 오로지 내 것만이 아니라는 것입니다. 이 부분 역시 자기중심성의 확장으로 볼 수 있습니다. 시간과 공간이 오로지 내 것이라고 생각하는 아이들은 사회적인 존재로서의 자신을 정확하게 인식하지 못할 가능성이 있습니다. 내 삶이 오로지 내 것이 아닐 수 있고, 나누고 베풀며 살아갈 때 자신도 그러한 도움을 받을 수 있음을 알게 해 주세요.

청소년 시기에 봉사 활동을 하도록 권장하는 이유가 바로 여기에 있습니다. 주어진 시간과 공간을 나누는 봉사 활동을 통해 시간과 공간이 조금 확장되면 내가 가지고 있는 것이 내 것이 아님을 깨닫게 됩니다.

세상을 살면서 누구나 공평하게 나누어진 시간과 공간을 갖게 됩니다. 그렇지만 그것도 온전히 내 것이 아니라는 것을 깨달을 때 우리는 다른 이들에게 시간을 나누고 공간을 열어 줍니다.

우리가 소유하고 있는 모든 것은 시간과 공간의 변형입니다. 일을 하는 원리도 자신의 시간과 공간을 지불하고 돈을 받는 것입니다. 돈을 많이 버는 방법은 다른 사람들의 시간과 공간을 사용하는 것입니다. 그렇기 때문에 내가 소유하고 있는 것에 대해 당연하게 여기는 것이 아니라 감사한 마음을 가져야 합니다.

다섯 번째 진실은 결정된 것은 아무것도 없다는 것입니다. 청소년들은 자신의 삶이 결정되었다고 생각하는 경우가 많습니다. 노력

이 아닌 천부적인 재능이나 타고난 무언가가 인생을 결정한다는 생각
은 어리석기 그지없습니다. 자녀들에게 결정된 것은 아무것도 없다는
것, 즉 변화의 가능성이 있다는 것을 알려 줘야 합니다. 가정과 사회
의 철학이 변화 가능성에 열려 있느냐 그렇지 않느냐가 삶의 태도를
결정하는 데 있어 중요한 요소입니다.

인생에서 일정 부분 성공한 사람들을 만나 인터뷰를 해 보면 비범
함은 성실함에서 시작된다는 것을 알 수 있습니다. 결정된 것은 아무
것도 없습니다. 아무리 어려운 환경이라도 약 25%는 환경적 예측과
다른 미래를 만들어 갑니다. 우리가 예측할 수 없는 무언가가 인생을
결정짓습니다. 그중에 가장 확실한 것은 성실함, 전인적인 온전함입
니다.

PART 4

사춘기 부정적
감정 다루기

누구나 부정적 감정이 있습니다. 미국 정신과 의사 데이비드 호킨스(David Ramon Hawkins)는 인간의 의식지도 중 가장 낮은 감정은 치욕, 절망, 후회, 불안 그리고 경멸이라고 했습니다. 이러한 감정을 건강하게 변화시켜 주는 것이야말로 부모의 중요한 역할입니다. 감정은 어떤 사람의 존재와도 같은 것입니다. 그렇기 때문에 감정을 인정해야 합니다. 새로운 에너지를 공급함으로써 부정적 감정에서 긍정적 감정으로 변화를 보이게 됩니다.

부정적 감정은 과거의 상처를 통해 만들어집니다. 상처를 해결한다면 자녀들의 정서가 더욱 건강해질 수 있습니다. 이번 장에서는 대표적인 분노, 두려움, 거짓 자아, 슬픔, 수치심의 5가지 부정적인 감정을 긍정적으로 변화시키기 위한 조언을 이야기해 보겠습니다.

24

분노는 나쁜 감정일까요?

분노할 수 있는 능력은
하나님 형상(Imago Dei)의 일부다.
- 엔드류 레스터

분노는 인류가 가지고 있는 공통적인 감정 중 하나입니다. 인류는 분노를 통해 적으로부터 자신의 생명을 보존하고, 가족이나 친족들의 경계를 설정하였으며, 무언가를 정의롭게 이루고자 하는 노력의 시발점이 되었습니다.

하지만 분노를 어떻게 다루느냐에 따라 결과는 달라질 수 있습니다. 자녀들에게 나타나는 분노를 어떻게 다루어야 하며, 부모의 분노는 어떻게 처리해야 할까요?

먼저 청소년의 분노를 살펴보겠습니다. 청소년의 충동적인 폭력 사건은 계속해서 사회적 문제로 대두되고 있습니다. 몇 년 전 19세 학생이 자신의 부모를 무시한다는 이유로 작은아버지를 살해하고 7명의 친척에게 상해를 입힌 사건이 보도되었습니다. 전문가들은 감정을 제어하는 '분노 조절'에 미숙한 것이 이러한 사건의 가장 큰 원인이라고 진단합니다. 청소년들은 어째서 분노 조절에 미숙한 것일까요?

우리 사회는 분노 표출을 달갑게 여기지 않습니다. 분노 조절을 못하는 사람들을 향해 '분노조절장애'라는 프레임을 씌워 낮게 평가하곤 하지요. 자녀들에게서 나타나는 분노가 과연 그렇게 나쁜 것일까요? 만일 분노가 그렇게 해로운 것이라면 주변에 왜 그렇게 분노하는 사람들이 많을까요? 분노를 지혜롭게 해결하는 방법은 없을까요?

아이러니하게도 분노를 무시할 때 분노 에너지는 점점 더 쌓입니다. 자녀가 분노하면 부모들은 "지금 엄마 아빠 앞에서 뭐하는 거야? 그만두지 못해?"라며 재빠르게 그 감정을 제지합니다. 그러고는 그런 감정 자체가 잘못된 것이라는 메시지를 전달하지요. 청소년들은 분노 차체가 나쁜 것이라고 생각해 그런 감정을 피하려고 합니다. 그러다 보니 분노를 직면할 기회를 많이 갖지 못하게 됩니다.

어떤 감정이든지 그 감정 자체를 옳다 그르다 말할 수 없습니다. 감정을 점수 매겨서 좋은 감정과 나쁜 감정으로 서열화할 수 있는 것도 아닙니다. 물론 개인이나 공동체에 유익한 감정은 있습니다. 감정을 다룰 때 먼저 확인해야 할 점은 '감정은 감정이다'라는 것입니다.

개인이 감정에 책임이 있지는 않습니다만 감정으로 인해서 어떤 행동이 수반되었을 때는 옳다 그르다를 평가할 수 있습니다. 행동에는 책임이 수반되지만 감정 자체는 책임을 질 수 있는 것이 아닙니다.

그러므로 감정 중 하나인 분노를 나쁘다고 할 수 없지요.

분노는 그저 나 자신의 정서적 상태입니다. 만일 자신의 감정을 표출하지 않고 누르기 시작하면 그 감정은 풍선처럼 부풀어 오르게 됩니다. 분노를 포함한 표출되지 못한 감정들을 마음속에 쌓아만 둔다면 그것이 열리는 날 폭탄이 되어 버리고 말 것입니다.

우리 사회에서는 부모들이 분노하는 자녀들에게 버릇없다며 오히려 더 큰 분노로 자녀들을 훈육하곤 합니다. 결국 아이들은 분노의 감정이 올라올 때마다 감추려고 하지요.

통제할 수 없는 분노가 드러날 때는 머릿속에서 스스로 잘못된 사람이라는 수치심을 느끼게 됩니다. 수치심이 쌓이게 되면 낮은 자존감과 같이 스스로에 대한 부정적 감정을 만들어 버립니다. 자녀들에게 분노를 건강하게 표출하는 방식을 알려 주어야 합니다. 그래야 분노가 자녀를 사로잡지 않습니다.

분노의 종류를 나누어 생각해 볼까요? 우리가 분노라고 부르는 단어가 영어에서는 대표적으로 Anger와 Rage로 사용됩니다. 대부분 Anger는 '분노'로 Rage는 '격노'로 번역합니다. 분노는 화난 감정을, 격노는 분노가 통제되지 못하는 상황을 의미합니다.

사실 분노 자체로는 문제가 없는 경우가 많습니다. 개인에게나 사회에서 분노가 통제할 수 없는 격노로 발전했을 때 문제가 되지요. 마치 원자력 발전소에서 냉각기가 고장 났을 때 발생하는 대형 사고와 마찬가지입니다. 원자력 발전소가 에너지를 공급하는 유익한 역할을 하지만 통제하지 못했을 때 위험천만한 대형 사고가 되는 것입니다.

다시 말해 분노라는 감정은 '통제할 수 있는 화'로, 격노는 '통제되지 않는 화'로 정의할 수 있습니다. 격노로부터 파생된 행동은 사회적 문제가 될 가능성이 큽니다. 개인적으로는 가정에서, 사회적으로는 광장에서 통제되지 않은 격노가 표출될 때 주변뿐 아니라 화를 내는 자신도 위험에 휩싸이게 됩니다. 가정이나 사회에서 이렇게 격노를 보고 자란 세대는 또 다른 방식으로 폭력적인 분노 표출을 하게 됩니다.

누군가 분노할 때 그 대상을 살펴보면 그 사람의 정체성이 드러나기도 합니다. 사람은 이유없이 분노하지 않습니다. 모든 것은 원인이 있습니다. 사람들은 누가 무엇을 했기 때문에 분노하기도 하지만 무엇을 하지 않았기 때문에 더 분노합니다.

예를 들어 나를 미워하는 사람보다 사랑해야 할 사람이 사랑하지 않을 때 더욱 화가 납니다. 분노는 마음속에 있는 욕구가 채워지지 않을 때 만들어집니다. 분노는 삶의 경험을 통해서 만들어져서 자아의 정체감 속에 들어와 있는 또 다른 자신(Self)입니다. 그렇기 때문에 우리는 분노라는 감정을 잘 살펴보고 다룰 수 있어야 합니다.

우리 사회는 아이들의 행동을 평가하기보다 분노하는 인격 자체를 공격하는 경향이 있습니다. 분노하는 존재 자체가 잘못되었다는 메시지를 주는 것은 위험한 일입니다. 그런 평가는 자아를 부정하는 꼴이 되기 때문이지요. 자녀의 감정을 지도할 때 먼저 자녀의 분노를 인정하고 감정과 행동을 분리해서 지도해야 합니다. 그래야 자존감 높은 아이로 키울 수 있습니다. 분노에 대한 좋은 예들도 많습니다.

프랑스 전직 레지스탕스 투사이자 외교관이었던 스테판 에셀(Stephane Hessel)의 저서 『분노하라』에서 집단적 분노가 프랑스 사회에 어떤 유익을 주었는지 설명합니다. 그는 분노의 반대는 무관심이라고 합니다. 사랑하니까 분노하게 되는 것입니다. 무관심하다면 분노할 이유가 없습니다. 아무것에도 분노하지 않는 사람은 감정에 문제가 생긴 것입니다.

분노는 자아의 힘입니다. 우리 사회도 세상을 변화시킨 힘은 모두 분노하는 젊은이들에게서 시작되었습니다. 분노하지 못하게 하는 순종적인 인간을 만드는 교육은 식민지 국민에게나 맞는 것입니다. 분노해야 변하고, 개선되고, 좋아집니다.

빅히트 엔터테인먼트의 설립자이자 현 HYBE의 CEO인 방시혁은 BTS를 키워 낸 것으로 유명하지요. 그는 1997년 서울대학교 미학과를 졸업했습니다. 그가 2019년 서울대학교의 제73회 학위 수여식에 초대받아 '분노의 힘'을 강조하는 격려사를 했습니다. "지금까지 걸어온 길을 돌아보니 분명하게 떠오르는 이미지는 '분노하는 방시혁'이었다."고 했지요. 이어 그는 "적당히 일하는 '무사안일'과 음악 산업이 처한 비상식적인 상황에 분노했다."고 말하며 "앞으로 졸업생들의 여정

부모인 여러분은 청소년 시기에 무엇에 분노하였나요?
지금 자녀들은 무엇에 분노하고 있을까요?
분노는 죄가 아닙니다.

에는 부조리와 몰상식이 많이 놓여 있을 것이다. 여러분도 분노하고, 부조리에 맞서 싸워 사회를 변화시키를 바란다.”고 했습니다.

부모인 여러분은 청소년 시기에 무엇에 분노하였나요? 지금 자녀들은 무엇에 분노하고 있을까요? 분노는 죄가 아닙니다. 분노를 삶의 에너지로 승화시킬 수 있습니다.

분노 에너지가 커서 통제할 수 없다며 감정을 눌러 버리는 것은 통제 불능 에너지는 사용 금지라는 말과 같습니다. 에너지가 클수록 위험도 높지만 효용성도 높습니다. 청소년의 삶은 분노를 잘 다루는 방법을 배우는 것에서부터 시작해야 합니다.

분노가 격노로 발전하는 가장 큰 이유는 분노를 자아의 정서 안에 숨겨 두기 때문입니다. 풍선에 바람이 들어가는데 계속 쌓이기만 한다면 언젠가 터져버리고 말지요. 이와 같은 현상이 정서 안에서 일어납니다. 풍선이 터지지 않기 위해서는 바람을 빼 주어야 하듯이 분노를 지혜로운 방식으로 밖으로 드러내는 것이 건강에 유익합니다.

평소에 화를 내지 않던 아이들이 화를 내면 격노에 휩싸이는 경우가 많지요. 어려서 감정을 드러내지 못하게 통제당한 아이들이 분노 조절을 어려워합니다. 그렇다면 분노를 어떻게 다루어야 할까요?

스포츠를 즐기는 것이 도움이 됩니다. 규정 속에서 분노를 표출할 수 있기 때문에 정신 건강에 좋습니다. 어떠한 스포츠이건 경기장에서 승부를 가리는 뛰어난 선수들은 자신 안에서 통제된 분노를 표출하는 것을 잘 보여줍니다.

또한 대화와 소통이 분노 조절에 유용합니다. 누군가가 분노했다는 것을 알게 되고, 나의 분노를 알릴 수 있기 때문입니다. 만일 분노한 일이 있었다면 건강하게 자신의 감정을 이야기하는 용기를 내 보시기 바랍니다. 그렇게 하면서 어떻게 사회생활을 할 수 있냐고요? 분노를 참다 격노가 되는 경우가 사회생활에서 더 위험합니다.

자녀들에게 전혀 화를 내지 않는 부모들이 한번 화를 내면 걷잡을 수 없이 폭력적이 되기도 합니다. 자녀들이 화나게 한다면 "엄마 지금 화났어."라고 말할 수 있어야 합니다. 이는 자녀들에게 부모가 가지는 감정의 경계를 보여줄 수 있습니다.

자아에게 세상에서 가장 중요한 것은 나 자신입니다. 자신을 위해서 용기를 내야 합니다. 미움 받을 용기가 있어야 자아를 건강하게 유지할 수 있습니다. 부모에게서 사랑을 많이 받고 자란 아이들이 건강하게 자신의 분노를 표출하며 그 분노는 그들에게 사회를 변화시킬 힘을 선물합니다. 그렇다면 자녀들의 분노를 건강하게 표출하도록 부모가 할 수 있는 일은 무엇일까요?

첫째, 자녀들이 화났다고 말할 수 있는 환경을 만들어야 합니다. 컵 안에 가득 찬 물을 비워야 다시 깨끗한 물을 채울 수 있는 것과 같은 이치입니다. 청소년들의 자아 안에 담겨져 있는 분노라는 감정을 건강하게 쏟아 낼 수 있어야 합니다. 안전하게 분노를 표출할 환경을 만들어 주는 것이 정신 건강을 위해 아주 중요합니다.

둘째, 분노한 감정을 받아 주어야 합니다. 다시 말하지만 감정은 옳고 그름이 없습니다. 감정은 자아의 모습입니다. 자아(감정)와 행위를 분리해서 표현하거나 수용할 때 건강한 성장을 합니다. 죄는 미워해도 사람은 미워하지 말아야 한다는 말이 바로 이런 뜻입니다. 건강한 교육을 받고 자란 청소년들은 누군가 자신을 비판해도 자아가 아닌 행동을 비판한 것이므로 정서적인 탄력성을 가지게 됩니다. 자신의 행동을 비판한 사람과의 관계에 문제가 없다는 말입니다.

셋째, 분노를 건강하게 표출하게 해 주어야 합니다. 우리는 감정을 누그러뜨리는 방법만을 배우지만 감정을 건강하게 표출하는 것이 더 중요합니다. 분노도 마찬가지입니다. 분노가 많이 올라올 때는 샌드백을 치거나, 소리를 질러 보는 것도 좋은 방법입니다.

성경에는 해가 질 때까지 분한 마음을 품지 말라고 합니다. 이 말은 마음속에 있는 분노를 청소하라는 의미입니다. 쓰레기를 숨기는 것이 아니라 비워 내는 방식이 훨씬 건강합니다.

예수님도 성전에서 환전하고 제물을 판매하며 이익을 찾는 이들과 부패한 종교적 시스템을 향하여 "이 독사의 자식들아"라며 채찍을 휘두르고 상을 엎어 버리며 분노를 표출하셨습니다. 분노를 완전히 통제할 수 있는 예이지요. 자녀들이 분노를 표출할 수 있는 안전한 공간을 만드는 것이 부모로서 해야 할 일입니다.

넷째, 그런 감정을 표출하고 난 후에 자신의 마음을 표현하게 해 주어야 합니다. 마음을 비우고 난 후에 좋은 감정으로 채울 수 있도록 도와야 합니다. 분노라는 마음은 에너지의 변환입니다. 분노의 강도가 올라갈 때는 말의 속도가 빨라졌다가 분노를 표출하고 나면 행동이 다시 정상 속도로 돌아옵니다. 자신의 생각을 천천히 말할 수 있도록 기회를 주면 감정이 보통 상태로 돌아옵니다. 먼저 부모가 분노의 감정을 차분하게 말로 풀어내는 모습을 보여주는 것도 좋은 방법입니다.

분노에 관한 조언

1. 분노는 감정 자체로 옳고 그름을 판단해서는 안 된다.
2. 분노는 통제가 되는 건강한 방식과 통제할 수 없는 격노로 나눌 수 있다.
3. 분노는 숨기는 것보다 건강하게 표출해야 자아에 유익하다.
4. 분노는 '자아의 힘'이다. 에너지를 건강하게 표출하도록 하자.
5. 분노를 오랫동안 품고 있는 것은 자아의 건강에 해로운 일이다.

분노의 주인

분노(憤怒)의 사전적 정의는 '분개하여 몹시 성을 냄, 또는 그렇게 내는 성'이다. 과연 인간은 왜 분노할까? 많은 사람이 짜증이 나서, 상대방이 잘못을 해서, 그냥 화가 치밀어서 라는 이유를 댄다. 이를 보면 분노가 무척이나 부정적인 감정으로 비춰진다.

하지만 분노의 근본적인 목적은 다음과 같이 나눌 수 있다. 첫째, 타인의 통제에서 벗어나고 싶거나 타인(상황)을 통제하고 싶을 때 분노한다. 둘째, 승리하고 싶을 때 분노한다. 기선 제압의 목적도 있을 것이다. 셋째, 자신에게 해를 입힌 이에게 복수를 하기 위한 목적으로 분노한다. 넷째, 자신의 권리를 보호하기 위해 분노한다. 이렇게 보니 분노가 꼭 나쁜 감정만은 아닌 것 같다. 반드시 분노해야 할 때가 있고, 또 언젠가는 참아야 할 때가 있을 뿐이다.

그렇다면 올바르게 분노해야 할 필요가 있겠다. 먼저는 분노함으로써 타인이나 상황을 바꿀 수 있는지 심사숙고해야 한다. 분노의 방식은 타인 중심적이어야 하며 소위 먹힐 만한 방식이어야 한다. 분노보다 더 강력한 조치가 없는지 살펴야 한다. 더 강력한 조치가 있다면 굳이 분노를 선택하지 않아도 된다.

분노의 감정에 휩싸여 묻고 따지거나 재보지도 않고 분노를 표출하는 것은 도움이 되지 않는다. 분노의 목적과 분노가 필요한 때, 올바르게 분노하는 법을 알아야만 분노의 노예가 되지 않는다.

청소년들에게 올바른 분노의 방법을 가르쳐 줄 필요가 있다. 분노했던 경험을 떠올리며 당시의 분노가 적절했는지, 결과는 어떠했는지 돌아볼 수 있다면 분노의 노예가 아닌 분노의 주인이 될 수 있을 것이다.

『아들러의 감정수업』(게리 D.맥케이/ 돈 딩크마이어, 김유광 옮김, 시목) 참조,
편집부 정리

25

두려움의 근원을 찾으라

두려움이 없다고 말하는 인간은
거짓말쟁이이거나 미친 놈이다.
- 미국 전쟁드라마 〈퍼시픽〉 중에서

우리 안에는 태어나면서부터 두려움(Fear)이 있습니다. 엄마의 배 속을 떠나는 것은 아이에게 어마어마한 두려움일 것입니다. 성장하면서 넘어지고, 다치면서 아팠던 경험도 우리 안에 두려움으로 남습니다. 그래서 두려움은 무모한 행동을 하지 않도록 막아 주기도 하지요. 그것이 두려움이란 감정의 좋은 역할입니다.

두려움의 나쁜 역할도 있습니다. 심리적으로 세상에서 가장 큰 두려움을 느낄 때는 통제하지 못하는 상황에 들어갈 때입니다. 무언가를 통제할 수 없다거나 무언가에 완전히 조종당하는 상황은 우리 안에 두려움이나 분노를 만듭니다. 그로 인해 아무것도 할 수 없다는 생각은 더 큰 두려움을 갖게 합니다.

팬데믹 상황에서 많은 사람이 왜 그토록 큰 두려움을 느꼈는지 이 지점에서 찾을 수 있습니다. 팬데믹이 한참 유행하던 시점에 '코로나 블루', '코로나 레드'라는 개념이 만들어졌습니다. 두려움과 우울, 불안, 분노 같은 감정은 서로 연결되어 있습니다.

자녀들이 어떤 두려움을 안고 살아가는지요? 건강한 두려움인가요? 아니면 부정적인 두려움인가요? 부정적인 두려움이 우리를 감쌀 때 머릿속이 하얗게 변하는 경험을 합니다. 뇌에서 감정을 담당하는 편도체의 해마가 두려움을 유발하는 호르몬으로 인해 오그라드는 것입니다.

두려움을 많이 경험한 사람은 감정적 어려움을 겪게 되고 단기 기억 상실을 겪기도 합니다. 처음 군에 입대하면 암기 사항들이 주어집니다. 훈련관들은 수시로 암기 사항에 대해 질문을 하지요. 이때 장병들은 많은 어려움을 겪습니다. 두려움 때문에 제대로 암기할 수 없기 때문입니다. 군대에서의 훈련은 이런 두려움을 이기고 자신의 역량을 발휘하게 하는 것입니다.

어떻게 하면 자녀들이 두려움에 휩싸이지 않게 할 수 있을까요? 심리적으로 자녀들의 두려움을 줄이기 위해서는 가장 먼저 스스로 삶을 통제하는 훈련을 해야 합니다. 종교적으로는 삶의 통제력을 하나님께 맡기라고 믿음의 영역을 강조합니다.

그러나 믿음이 있다고 해서 두려움이 완전히 사라지는 것이 아닙니다. 신이 우리에게 맡긴 삶의 결정권을 잘 사용해야 합니다. 시간과 공간을 통제하는 능력이 중요한 이유입니다. 감정을 통제하고, 여러 가지 미래의 일을 예측하여 준비함으로써 두려움을 감소시킬 수 있습니다.

또한 건강한 친구를 두는 것이 큰 도움이 됩니다. 내가 누군가와 연결되어 있다는 느낌은 우리로 하여금 상황을 이길 수 있는 원동력이 됩니다. '당신은 혼자가 아니예요(You are not alone)'라는 말은 위기의 상황에서 우리에게 힘을 줍니다.

두려움이라는 감정에 빠지는 청소년들의 공통된 특징은 걱정이 많다는 것입니다. 걱정이 꼬리에 꼬리를 물고 부정적인 감수성과 만날 때 큰 두려움에 빠지게 됩니다. 이때는 너무 많은 생각을 하는 것보다 지금 이 시간을 어떻게 성실히 살아갈 것인가를 찾는 것이 중요합니다.

언젠가 두려움에 빠진 가족을 만난 경험이 있습니다. 모녀가 함께 살면서 작은 걱정들이 모여 큰 두려움이 되어 버린 경우입니다. 극단적 두려움이라는 감정으로 인해 외출을 하지 못했습니다. 밖에 나간다는 것에 큰 두려움이 있었던 것입니다. 생활에 필요한 모든 것을 배달을 통해 해결하고 있었습니다. 이들의 두려움을 해결하는 과정이 무척 오래 걸렸습니다.

자녀들과 부모님의 두려움이라는 감정을 극복하기 위한 몇 가지 조언을 하겠습니다. 첫째, 먼저 두려움을 인정해야 합니다. 마음속에 두려움이 있다고 해서 스스로가 나약한 사람인 것은 아닙니다. 두려움으로 인해 창피한 감정을 가질 필요가 없습니다. 두려움은 신이 인간에게 준 생존을 위한 선물입니다. 만일 두려움이 우리에게 있지 않았다면 무모한 도전이 도처에서 벌어져 인간은 이렇게 오랜 기간 생명을 연장하지 못했을 것입니다.

둘째, 두려울 때 곁에서 힘이 되는 가족이나 친구가 있어야 합니다. 세상에 모든 생명을 가진 존재들은 함께할 때 더 강해지는 법입니다. 신이 모든 곳에 함께할 수 없기 때문에 우리에게 부모와 친구를 선물로 주셨다고 하지요. 우리 안의 두려움을 이길 수 있도록 신이 주신 선물을 활용해야 합니다.

셋째, 두려움의 근원을 찾아내야 합니다. 서양 의학, 특히 정신 의학에서는 두려움을 질병으로 분류합니다. 해서 각종 '포비아(두려움 증상)'라고 이름 붙은 질병이 많습니다. 두려움은 감정의 영역이고 그 근원을 찾는 것은 이성의 영역입니다. 개인마다 각각의 경험에 의한 두려움을 가지고 있습니다.

예를 들어 어린 시절에 개에게 물린 적이 있다면 개의 존재 자체에 두려움을 갖게 마련입니다. 때로는 공격성도 없고 짖지도 않는 아주 작은 애완견 앞에서도 두려움을 느끼게 되지요. 어떤 사람은 교통사고의 경험으로 차를 타는 것을 두려워합니다. 자녀들도 각자가 가지고 있는 두려움의 근원이 있을 것입니다. 그 두려움을 이성으로 이해하고, 감성으로도 극복하려는 노력이 필요합니다.

넷째, 두려움이 만들어진 방식대로 고칠 수 없습니다. 그러나 두려움을 극복한 경험이 있다면 언제 두려움을 가장 잘 극복했으며, 언제 잘 활용했는지를 점검해야 합니다. 해답은 우리 안에 있습니다. 분명히 자녀들도 두려움을 아무렇지 않게 극복했던 경험이 있을 것입니다. 그 경험을 통해서 지금의 두려움을 해결하는 방법에 한 발자국 다가갈 수 있도록 지도해 주어야 합니다.

두려움에 관한 조언

1. 두려움을 인정하라.

2. 힘이 되는 가족과 친구를 만들어라.

3. 두려움의 근원을 찾으라.

4. 두려움을 잘 극복했던 상황을 떠올려라. 답은 경험 속에 있다.

26

수치심은 존재를 부정하는 감정

건강한 수치심은 에너지를 산만하게 하기보다
자기 자신을 그대로 받아들이고 통합하게 한다.
- 존 브레드쇼

인간에게 수치심이 없다면 어린아이 같이 벌거벗고 다닐 수도 있을 것입니다. 그러나 우리가 속해 있는 문화는 무엇이 창피한 행동인가를 교육하고 그런 행동을 하지 못하도록 합니다. 이처럼 건강한 수치심은 도덕적인 행동과 관계를 갖습니다.

그러나 부정적인 수치심이 있습니다. 여기서 다루려고 하는 것이 바로 부정적인 수치심입니다. 부정적인 수치심은 '내가 아무것도 아니구나', '나는 존재의 의미가 없어'라고 어두운 생각을 하게 합니다. 수치심으로 가득 찬 사람은 행동으로 실천할 정서적인 에너지가 없습니다. 주위에 아무것도 하지 않는 자녀들이 있다면 수치심이라는 감정에 휩싸인 것은 아닌지 확인해 봐야 합니다.

수치심이라는 감정을 알기 위해서는 먼저 죄의식과 다른 점을 이해할 수 있어야 합니다. 죄의식과 수치심 모두 가장 부정적인 에너지를 포함하고 있는 감정들입니다. 책의 초반에 죄의식이 자신의 행위에 대한 후회의 감정이라면 수치심은 존재를 부정하는 감정이라고 말씀드렸습니다.

존재와 행위를 나누어 생각할 때 행위는 바꿀 수 있는 것이지만 존재는 바꿀 수 없는 것이기 때문에 수치심이 죄의식보다 더 부정적인 감정입니다. 누군가가 자신의 존재를 부정하게 될 때 수치심을 경험하게 됩니다.

청소년들이 수치심을 갖게 되는 첫 번째 장소는 가정입니다. 주 양육자에 의해 지속적으로 정서적, 물리적 폭력과 방임을 경험할 때 자신의 존재를 부정하는 감정을 만들어 냅니다. 그리고 그 감정은 낮은 자존감으로부터 시작하여 스스로에 대한 부정적인 감정으로 발전합니다. 이 감정이 바로 수치심입니다.

권정생의 동화 『강아지 똥』을 보면 이러한 감정이 잘 드러나 있습니다. 길가에 버려진 강아지 똥은 처음에 참새가 '더러운 똥'이라고 말할 때 "아니야!" 하고 소리칠 힘이 있었습니다. 이어 옆에 떨어진 흙이 '개똥'이라고 비하하듯 말합니다. 이후에 어미 닭과 병아리들이 지나가다 이번에는 '찌꺼기'라는 말을 듣게 되지요.

이렇게 누군가가 우리의 존재를 거부하고 쓸모없는 존재라고 할 때 처음에는 부정하려고 노력합니다. 그러나 또 다른 누군가가 와서 똑같은 말을 하면 다시 생각하게 되고, 연이어 쓸모없는 존재라는 말을 들으면 스스로를 그렇게 받아들이고 맙니다. 마음에 힘이 없는 것이지요. 이러한 감정이 바로 수치심입니다.

데이비드 호킨스는 『의식 수준을 넘어서』에서 인간의 의식지도를 만들어 제시했습니다. 이미 이 파트의 서문에서 밝혔듯이 그의 연구에 의하면 인간이 가지고 있는 감정 중에 가장 낮은 단계의 감정들이 있는데 그중 하나가 바로 수치심이라고 제시한 바 있습니다. 이렇듯 수치심은 해결해야 할 가장 낮은 단계의 상태입니다.

수치심은 내가 만든 것이 아닙니다. 관계 속에서 누군가가 지속적으로 넣어 준 것이 내 안에 들어와 주인이 되어 버린 것입니다. 우리 사회는 끊임없이 비교를 통해서 존재를 증명하라는 압력이 있습니다. 초등학교를 지나 중학교에 입학하면 성적으로 자신을 증명하기 시작합니다. 교육 현장에서 성적이 낮은 친구들은 존재의 가치도 낮은 것처럼 대우받는 경우가 많습니다.

이런 수치심의 감정에서 빠져 나오려면 긍정적인 말을 해 줄 의미 있는 사람이 필요합니다. 누군가가 그 사람의 존재를 알아봐 주고 칭찬해 줄 때 수치심의 감정에서 빠져나오기 시작합니다.

"괜찮아 내 잘못이 아니야!"

이 문장이 저에게는 수치심에서 빠져나오게 하는 주문이었습니다. 부모로서 자녀가 잘못하는 점이 있을 때 죄책감을 갖게 되고 부정적인 감정이 쌓이면 부모인 자신이 부정되는 수치심을 갖게 됩니다. 그리고 이런 수치심을 자녀들에게 그대로 전달할 가능성이 높습니다. 그러다 보면 서로가 서로의 얼굴에 먹칠을 하듯이 수치심을 쌓아 놓습니다. 그런 가정의 대화에는 계속해서 서로의 존재를 부정하는 말들로 가득 차게 됩니다.

에너지는 가치중립적입니다. 누구나 마음의 에너지가 있지요. 그것이 긍정적으로 나오는가 또는 부정적으로 나오는가의 차이입니다. 누군가가 우물에 마중물을 넣듯이 존재를 칭찬하는 말을 해 주어야 합니다. 존재를 인정하는 것이지요. 그럼에도 불구하고 수치심이 올라올 때마다 "괜찮아, 내 잘못이 아니야!"라고 스스로에게 말해 주세요.

성경에는 탕자의 비유 이야기가 있습니다. 탕자는 아버지의 재산을 미리 상속받아 타국으로 떠났습니다. 그는 허랑방탕하게 모든 재산을 소진하고 그곳에서 거지로 살아갑니다. 돼지를 기르는 일을 했고, 돼지가 먹는 쥐엄나무 열매를 먹으며 생명을 이어 갔습니다. 그러다가 자신의 상황을 돌아보고 이렇게 사는 것보다 아버지에게 돌아가는 것이 좋겠다고 결정합니다. 아버지에게로 돌아온 그는 아버지를 만나자 "저는 더 이상 아들이 아니라 종으로 살겠습니다."라고 말합니다.

아들이라는 존재를 부정하고 종이라는 존재로 살겠다고 말하는 대화 속에서 이 사람의 깊은 수치심을 느낄 수 있습니다. 이렇게 수치심에 사로잡힌 아들을 구한 것은 아버지에게 나온 용서의 메시지였습니다. 아버지는 아들의 행동은 잘못되었지만 그 행동이 아들의 존재까지 변화시킬 수 없다고 말하며 언제나 그랬던 것처럼 아들로 받아들입니다. 우리는 누구나 존재 자체가 소중하다고 여겨 주는 사람을 만날 때 수치심에서 벗어날 수 있습니다.

부모의 역할은 행위가 아닌 존재로서 자녀를 사랑하는 것입니다. 스승의 역할도 역시 그 행위가 아닌 존재로 인정하는 것이지요. 우리는 자녀의 잘못된 행동을 바로잡으려다 죄책감을 주는 것이 아니라 수치심을 주는 경우가 많습니다. 내 행위가 잘못된 것이 아니라 나라는 존재가 잘못되었다고 느끼게 되면 자신의 가치를 발견할 수 없습니다. 청소년 자녀에게 자신이 '소중한 존재'라는 것을 깨닫게 해 주세요. 그것이 부모가 존재하고 스승이 존재하는 이유 아닐까요?

수치심에 관한 조언

1. 수치심은 지속적인 폭력과 방임에 의해 만들어지는 감정이다.

2. 부모나 지도자의 수치심은 자녀에게 전이된다.

3. 수치심은 언어를 통해 표현된다.

4. 행위가 아닌 존재를 인정하고 칭찬해야 한다.

27

슬프면 울어야 합니다

행복은 몸에 좋다.
그러나 마음의 힘을 길러 주는 것은 슬픔이다.
- *마르셀 프루스트*

유년기에 "울지마!"라는 말을 들어본 적이 있을 것입니다. 저 역시 "울면 바보야", "울면 경찰이 와서 잡아 간다"라는 말을 듣고 자랐습니다. 어느 순간 눈물을 흘리면 안 된다는 것이 규칙으로 자리 잡았지요. 특히 "남자는 태어나서 세 번만 울어야 한다"는 말을 듣기도 했습니다.

여자아이들은 또 어떨까요? "또 우냐? 복 나간다!", "걸핏하면 눈물 바람이구나, 그럼 안 된다!"라고 하면서 우는 것을 낮게 평가하는 말에 수없이 노출됩니다. 과연 슬픔이라는 감정의 표현이 이런 평가를 받을 만한 것인가요?

과거 88올림픽을 치렀을 때 외국인들이 한국에 와서 "사람들이 화난 것 같다"라는 말을 많이 했다고 합니다. 사회가 전반적으로 자신의 감정을 표현하지 않아 무뚝뚝하게 보였던 탓이었지요.

우리 자녀들이 슬픔이나 상실의 아픔을 표현하지 않는다면 어떤 부작용이 있을까요? 상실이나 슬픔은 감정입니다. 문화적으로 슬픔을 감추려는 행위는 슬픔이라는 감정뿐만 아니라 다른 감정까지도 함께 감춰지는 결과를 가져옵니다.

심리적으로 감정은 하나의 통로를 통해서 나오기 때문에 특정한 감정 표출을 막기 위해서는 다른 모든 감정 역시 막을 수밖에 없는 것입니다. 슬픔을 억제하는 것은 기쁨을 확장하는 것이 아니라, 무감정 상태로 만들어 버립니다. 따라서 오랫동안 감정 표현을 억제당하면 가슴 없이 머리로만 살아가는 마치 로봇과 같은 상태가 됩니다.

어린 시절 부모님과 주위 어른들은 여러분의 슬픔에 대해서 어떤 반응을 하셨습니까? 슬픔에 대해 어떤 가치를 부여했나요? 숨기고 표현하지 않는 것이 규칙이었다면 무언가를 잃어버리거나 헤어짐을 경험할 때 어떻게 감정을 표현했습니까? 아무것도 하지 않았나요?

최근 젊은이들은 예전과 달리 감정 표현이 많습니다. 그럼에도 불구하고 우리 사회는 눈물을 흘리는 것에 여전히 관대하지 않습니다. 눈물을 보이면 마치 허약한 내면을 드러내는 것으로 치부합니다.

고속도로 휴게소에서 볼일을 보러 남자화장실에 들어가면 '남자가 흘리지 말아야 할 것은 눈물만이 아닙니다'라는 문구를 보게 됩니다. 이 문장이 가지고 있는 전제는 남자가 눈물을 흘리는 말아야 한다는 것입니다. 젊은 여성들이 남자친구에게 가장 듣기 싫어하는 말 중 하나가 "이게 울 일이야?"라고 합니다. 우리 사회가 슬픔의 감정에 대해서 가지고 있는 태도를 단적으로 보여주는 예입니다.

어린 시절 할아버지가 돌아가셨을 때 교회 목사님께서 우리 가족에게 "할아버지는 천국에 가셨으니까 울면 안 돼요."라고 하셨습니다. 목사님께서 한 말이니 그 가르침이 성경적인 것이라고 믿었습니다. 그런데 성경을 연구하다 보니 예수님께서 나사로의 죽음을 두고 눈물을 보이신 것이 해석되지 않았습니다. 결국 예수님도 헤어짐에 대해 슬픈 감정을 나타내셨는데 우리가 가족의 일원을 잃었을 때 눈물을 흘리는 것은 당연한 것이라고 결론을 내렸지요.

슬픈 감정이 느껴질 때는 울어야 합니다. 그게 정상이지요. 자녀들에게도 슬픈 일이 있다면 그 감정을 표현할 수 있는 기회를 주어야 합니다. 누군가와 이별하여 더 이상 볼 수 없다는 것은 얼마나 슬픈 일입니까? 인간의 감정 중 슬픔은 잘 다루어야 합니다. 슬픈 감정이 건강하게 표출되지 않을 때 숨은 자리에서 슬픔을 느끼는 또 다른 자아가 어린아이처럼 정서의 한구석에서 울고 있을 것이기 때문입니다.

이처럼 슬픔을 잘 처리하지 못할 때 우리 속에는 정서적 어린아이가 자리 잡습니다. 그 어린아이는 우리가 다룰 수 없는 감정으로 자아를 몰고 다니기도 합니다. 만일 어린아이가 달리기를 하다 넘어져서 무릎이 까졌다면 부모는 당장 달려가 아이를 달래고 치료를 할 것입니다. 소독을 하여 감염을 막고 피를 멈추게 한 후 연고를 발라 상처가 덧나지 않고 잘 아물도록 해야 합니다. 슬픔이라는 감정 역시 우리가 감당할 수 없는 상처로 남을 수도 있습니다. 그 감정을 잘 처리해야 울고 있는 어린아이가 감정으로 자리 잡지 않습니다.

슬픔에 관한 조언

1. 슬픔을 표현하는 데 있어서 남자 또는 여자에 대한 차별 발언을 하지 말아야 한다.
2. 슬플 때는 울 수 있도록 지도하여 그 감정을 다루는 법을 연습하도록 해야 한다.
3. 슬픔을 처리하지 못한 어린 자아가 있다면 함께 울어야 한다.

PART 5

척추형 부모 &
심장형 부모

우리 사회는 아이가 성공하기 위해서 엄마의 정보력, 아빠의 무관심, 할아버지의 재정 지원이 필수라고 합니다. 이러한 말에 많은 사람이 공감하는 것을 보면서 '아빠의 무관심'이란 단어에 마음이 무척 어려웠습니다. '왜 아버지라는 존재가 이렇게 자녀 교육과 성장에서 필요 없는 존재가 되었을까?' 하는 생각이 들었지요.

그러나 교육을 생각해 볼 때 자녀들이 건강하게 자라기 위해서는 어머니와 아버지의 역할 모두가 필요하다는 결론을 얻었습니다. 부모 교육에서도 엄마의 정보력보다 아버지의 교육적 역할이 결정적이라는 것을 발견했습니다. 대한민국 엄마들은 교육에 있어 평균 이상의 정보를 가지고 있습니다. 아쉬운 부분은 부재 상태인 아버지의 역할입니다.

이를 깨닫고 아버지의 역할을 연구하는 중에 우리 교육에서 여자아이보다 남자아이의 적응력이 더 떨어진다는 것을 알게 되었습니다. 해서 남자아이들을 위한 조금 다른 방법을 찾아보았습니다. 물론 학습은 남녀의 차이보다 개인적인 부분이 더 크게 작용할 수 있습니다. 하지만 남녀의 차이가 학습과 성장에 많은 영향을 미친다면 다른 시각으로의 접근이 필요합니다. 특히 이 파트에서는 남자아이들을 지원하는 방법에 초점을 맞추어 설명해 볼까 합니다.

진실된 자아 찾기

머리를 너무 들지 마라.
모든 입구는 언제나 낮다.
- 영국 속담

자녀들이 하는 거짓말은 어려서부터 가족 안에서 습득한 역할인
경우가 많습니다. 역기능적인 가정은 구성원마다 역기능적인 역할이
있습니다. 이러한 역할은 자신의 고유한 자아로 살아가는 것을 막아
버립니다.

만일 아버지가 부재한 가정이라면 남자아이들은 아버지의 역할을
하려고 할 것입니다. 자녀의 역할과 아버지의 역할을 동시에 하게 되
면 사람들은 철이 들었다고 하겠지만 개인에게는 큰 고통의 시간이
됩니다. 유년기나 청소년기를 빼앗기고 지나가기 때문입니다.

특히 청소년기에는 가면을 쓰는 시기가 찾아온다고 앞서 말씀드
린 바 있습니다. 가면무도회와 같이 청소년들은 여러 가지 가면을 두

고 아침저녁으로 가면을 바꿔 쓰며 등장합니다. 진정한 자신의 얼굴을 찾고자 하는 갈망이 이런 식으로 표현되는 것이지요. 전사, 광대, 수다쟁이, 과묵한 철학자, 진리를 찾는 성직자 등 아주 다양한 가면을 쓰고 등장하기 때문에 이들과 의사소통하는 사람들을 놀라게 합니다.

청소년기는 이렇게 가면을 돌려 쓰며 진정 자신에게 어울리는 얼굴을 찾아가는 과정입니다. 서양에서는 자아라는 의미의 페르소나(persona)가 가면이라는 단어와 연결되어 있습니다. 만일 주위에 어떤 청소년이 가면을 바꿔 쓰고 등장하는 것을 알았다면 그냥 인정해 주면 됩니다. 인정, 지지, 칭찬을 해 주면 그만입니다.

굳이 설명하고 분석하면서 그 가면을 벗기려는 것이 유익하지 않습니다. 청소년들이 가면을 쓰고 나타난다는 것은 성장하고 있다는 신호입니다. 그렇게 자아를 찾아가는 시간이 청소년기입니다.

진정한 자아(self)의 양쪽 극단에는 이기심(selfish)와 무아(selfless)가 존재합니다. 사람들은 이 두 가지 사이를 걸어갑니다. 사실 우리는 이기심이 나쁜 성품이라고 가르치지만 자아가 없는 상태를 나쁘다고 하지는 않습니다. 그러나 더 안 좋은 상태는 자아가 없는 상태입니다.

자아가 없다는 의미는 자신의 행동이나 감정을 다른 사람들에게 맞추어 살아가는 것입니다. 이러한 상태를 거짓 자아(deceit)라고 합니다. 청소년 시기를 건강하게 보내면 가면을 쓰지 않는 건강한 나를 받아들일 수 있는 힘이 생깁니다.

스위스 정신의학과 의사이자 상담가 폴 투르니에(Paul Tournier)는 저서 『인간이란 무엇인가』에서 진정한 자아(person)와 거짓 자아(personage)를 나누어 설명했습니다. 거짓 자아는 단편적이고 변형된 자아로서 진정한 자아가 아니라고 합니다.

특히 청소년의 경우 단기간 참여하는 캠프 등에서 진정한 자아를 발견할 때 스스로를 보호하고 있는 가면(거짓 자아)을 벗어 버리는 것을 발견할 수 있습니다. 청소년들은 거짓 자아가 성인들보다 단단하지 않기 때문에 짧은 경험으로도 쉽게 벗겨질 수 있는 것이지요.

아무리 건강한 사람이라도 삶 속에서 때때로 사회적 얼굴을 해야 합니다. 불편한 자리라고 해서 불편함을 그대로 드러내는 얼굴로 일관해서는 사회생활에 어려움이 닥칠 것입니다. 그렇다고 이것이 거짓 자아는 아니겠지요.

우리에게 과거 가정환경이나 학교의 규칙들이 만들어 놓은 거짓 자아가 있음을 알아야 합니다. 그러나 부모의 사회적 얼굴과 개인적 얼굴의 차이는 자녀의 방황과 정비례함을 기억하고 가급적 부모로서 사회적 자아와 가정에서의 자아가 가까워질 수 있도록 노력해야 합니다.

우리 안에 만들어져 있는 거짓 자아는 어떤 것이 있을까요? 예를 들어 '남자는 울면 안 돼!', '남자가 그것도 못해서 되겠냐?'라는 등의 말로 남자아이들이 감정 표현하는 것을 막는 경우가 있습니다.

남자는 강해야 한다는 사회 문화적 압력으로 인해 강한 모습의 가면을 쓰고 살아가는 남자들이 의외로 많습니다. 그들은 자신의 약점이 드러나는 것을 매우 수치스럽게 생각하기 때문에 평생 그 가면을 벗지 못합니다. 여성이라고 해서 크게 다르지 않습니다. 사회는 얌전하고 조신할 것을 종용하고 현모양처라는 가면을 요구합니다.

청소년들이 쓰고 있는 여러 가지 가면 중에 '착한 아이'라는 가면도 있습니다. 이들은 부모님 앞에서 착해 보이는 역할만 수행합니다. "네, 알겠어요.", "제가 잘못한 거예요. 저를 혼내세요."라며 착한 아이의 삶을 살지요. 하지만 가정에서의 모습과 친구들 혹은 학교에서의 모습이 전혀 다른 얼굴을 하고 있습니다. "싫은데?", "내가 뭘 잘못했는데?"라며 판이하게 다른 사람이 되지요. 이러한 가면이 굳어지면 거짓 자아가 됩니다.

이러한 거짓 자아를 벗어버리기 위해서는 훈련이 필요합니다. 내 안에 있는 거짓말을 제거하는 훈련입니다. 예를 들어 마음속에 "모든 것을 완벽하게 처리하면 존경받는 어른이 될 수 있다"라는 믿음이 있다고 가정했을 때 "모든 것에 완벽해지면 가족들에게 존경받는 어른이 될 것이다."와 "완벽하지 못하더라도 가족들은 이미 나를 존경하고 있다." 이 중에서 어떤 것이 거짓이고 어떤 것이 진실입니까? 상식적으로 후자가 진실이겠지요. 그러나 우리 안에 신념처럼 자리 잡은 거짓말에 의해 진실이 아닌 거짓을 선택하며 내가 아닌 다른 사람으로 살아갑니다.

청소년뿐만 아니라 어른들도 마찬가지입니다. 스스로 저평가하고, 자신에게 거짓을 말하면서 불행한 사람으로 살아가게 됩니다. 그러므로 우리는 진실을 말할 수 있는 힘을 키워야 합니다. 자녀를 키우는 부모로서, 지도자로서 스스로에게 하는 거짓말(거짓 자아)에서 자유로워야 합니다.

거짓 자아로부터 자유롭기 위해서는 내 안에 존재하는 거짓말과 자녀들이 흔히 하는 거짓말이 무엇인가를 찾아내야 합니다.

"나는 절대로 무섭지 않아요."

"나는 모든 것을 할 수 있어요."

"항상 나는 진실만을 말해요."

"언제나 엄마가 옳은 것 같아요"

위에 있는 말들은 모두 거짓일 가능성이 높습니다. 거짓말의 특징은 '완전히', '완벽한', '절대적으로', '항상', '언제나' 등의 표현이 붙습니다. 청소년 자녀가 있다면 다음과 같은 문장을 만들어 보는 훈련을 추천합니다. 스스로에게 하는 거짓말을 찾아내는 훈련입니다.

문장 : "내가 나 자신에게 하는 거짓말은 ＿＿＿＿＿＿＿＿이다."

답변 : ＿＿＿＿＿＿＿＿＿＿＿＿＿＿＿＿＿＿＿

답변의 예

"내가 자신에게 하는 거짓말은 이미 모든 것은 결정되었다는 것이다."

"내가 자신에게 하는 거짓말은 <u>나는 아무것도 할 수 없다는 것</u>이다."
"내가 자신에게 하는 거짓말은 <u>모든 것을 책임질 수 있다는 것</u>이다."

스스로에게 하는 거짓말을 찾아냈다면 이제 거짓말을 진실로 만드는 훈련을 할 차례입니다. 부정적 감수성에 의해서 만들어진 문장을 과장되지 않고 진실하게 적도록 합니다.

"그러나 진실은 _____이다."

답변의 예

"그러나 진실은 <u>삶에서 결정된 것은 아무것도 없다는 것</u>이다."
"그러나 진실은 <u>나는 누군가에게 도움을 요청할 수 있다는 것</u>이다."
"그러나 진실은 <u>누구도 모든 것을 책임질 수 있는 사람은 없다는 것</u>이다."

이 같은 훈련을 하면서 자녀들을 있는 그대로 받아들일 수 있어야 합니다. 자녀들에게 "괜찮아" 또는 "괜찮아, 네 잘못이 아니야"라고 끊임없이 말해 주고 모든 것을 책임질 수 있는 사람은 없다는 것을 알게 해야 합니다. 그래야 진실한 자아를 찾아갈 수 있습니다.

29

성장 열쇠는 엄마 베개 밑에 있다?

유년기 아이는 엄마가 키울 수 있지만
남자아이에게는 성인 남자가 있어야 한다.
- 스티븐 비덜프

북유럽 동화 중에 그림 형제(Grimm Brother)가 쓴 동화 『무쇠 한스』가 있습니다. 주인공인 왕자가 살고 있는 궁궐에 야만인 한스가 잡혀옵니다. 그의 주변에는 아무도 접근하지 못하도록 해 놓았지요. 어느날 왕자는 놀이를 하다가 그만 야만인 한스가 잡혀 있는 철창 속으로 하나밖에 없는 금구슬을 빠뜨립니다. 하는 수 없이 왕자는 그에게 다가가 구슬을 달라고 부탁합니다. 야만인 한스는 철창을 열어 주면 구슬을 주겠다고 왕자를 유혹하지요. 왕자는 아버지의 명령을 알고 있었기 때문에 돌아서 가버립니다.

다음날 다시 야만인 한스를 찾아 온 왕자는 연거푸 구슬을 달라고 부탁을 합니다. 그는 여전히 철창의 문을 열어 주면 구슬을 주겠다고 말하지요. 왕자가 자신은 열쇠가 어디에 있는지 모른다고 하자 한스는 왕비의 베게 밑에 숨겨져 있다고 대답합니다. 왕비의 베게 밑에서 열쇠를 훔쳐 나온 왕자는 한스가 갇혀 있던 철창문을 열어 주고 구슬을 찾았지만 한스와 함께 숲속으로 사라져 버렸습니다. 이후 왕자를 찾기 위한 이야기가 펼쳐집니다.

이 이야기 속에 등장하는 여러 은유적 요소가 인간 성장을 설명합니다. 특히 야만인 한스의 말 중에 "열쇠는 틀림없이 엄마(왕비)의 베게 밑에 있을 거야."라는 대목은 작가가 말하고자 하는 중요한 힌트입니다. 왕자의 성장 열쇠는 '엄마 베게 밑'에 숨겨져 있었습니다. 엄마의 소중한 자리에 숨겨 놓은 열쇠를 가지고 나와 한스를 풀어 주는 과정은 엄마에게서 독립하여 자신 속에 있는 남성성을 드러내는 것을 알려 주고 있습니다.

남자아이가 어릴 적에는 엄마가 키울 수 있지만 제대로 된 남자로 성장하려면 아빠 즉 성인 남자가 있어야 하지요. 남자아이를 키워 본 엄마들은 이 이야기를 통해 아들에게 줄 수 없었던 것이 무엇인가를 이해할 수 있으리라 생각합니다.

청소년기 남자아이가 내면의 야만인 한스 같은 남성성을 발현하기 위해서는 엄마로부터의 독립이 필요합니다. 그 과정을 위해 반드시 남성 멘토가 있어야 하지요. 또한 자신 안에 있는 야만인 한스 같은 모습과 싸울 수 있는 힘은 아버지의 사랑에서 시작된다고 이 동화는 은유적으로 알려 줍니다.

우리는 12년간 정규적인 학교 교육 과정을 받습니다. 이때 학생들이 만나게 되는 대부분의 선생님은 여성입니다. 교육과 복지를 담당하는 기관이 어디든 간에 선생님들은 여성이 압도적으로 많습니다. 청소년 정책을 담당하는 국가의 중앙 부처는 여성가족부입니다.

이런 분위기에서 성장한 남자아이들은 자신의 모델을 찾기 어렵습니다. 따라서 남성성이 강한 아이들은 초등학교 4학년 즈음 사춘기가 시작되면 학교와 교육 기관들이 힘들어집니다. 슬픈 일이지만 남자아이들의 성장 열쇠는 엄마 또는 여성으로부터 정서적인 독립을 하는 것입니다.

이런 이유로 청소년이 되면 자신만의 공간과 시간 그리고 엄마 간섭에서 벗어날 수 있는 곳을 찾습니다. 자연스러운 성장 과정입니다. 이때 성인 남성의 역할이 필요하지요.

다양한 문화마다 남성의 성장의례(Ritual)가 존재해 왔습니다. 물론 사회마다 남녀 모두 공통된 부분이 있지만 청소년기 남자아이의 성장에는 무언가 다른 부분이 있습니다. 그들에게는 아버지의 존재가 필요합니다. 자녀들이 사춘기가 되면 가정에서 아버지의 역할과 교육적 참여가 더욱 절실합니다.

30

분노하는 자아, 울고 있는 자아

미래에도 과거에도 영원히 필연적인 일들은
단지 견디는 것이 아니라 사랑하는 것이다.
- 프리드리히 니체

어린 시절 저희 집은 단칸방 하나를 월세로 내놓았습니다. 부모와
아들이 둘 있는 가정이 이사를 왔습니다. 서로 아끼는 형과 동생의 모
습이 인상적이었지요. 우리는 금세 친구가 되었습니다.

그 집 아버지는 구두수선공이었습니다. 어느 겨울, 바람이 몹시 부
는 날이었습니다. 그 집 아이들과 연날리기를 하며 함께 놀기로 했습
니다. 마침 친구 아버지가 쉬는 날이었던지 연 날리는 법을 알려 주기
위해 함께 나섰습니다. 눈앞에 형제에게 연 날리는 법을 알려 주는 아
버지와 하하호호 깔깔대는 형제의 모습이 펼쳐졌지요.

평소 할아버지가 집주인이었기에 그들 앞에서 당당함이 있었습니
다. 부러울 것이 없었지요. 그런데 그 모습을 보고 있자니 힘이 빠졌

습니다. 갑자기 위축된 듯한 이상한 감정이 느껴졌습니다.

'우리 아버지는 어디에 있는 거지?'

당시 아버지는 돈을 벌기 위해 사우디로 떠나 있던 상황이었습니다. 그 집 아이들이 아버지와 함께하는 모습을 보며 별안간 나에게는 아버지가 없다는 사실을 깨닫고 슬픈 감정이 들었습니다.

혼자 방에서 두꺼운 이불에 얼굴을 파묻고 엉엉 울고 말았습니다. 혹시 울음소리가 새어 나갈 새라 조심하면서 울었습니다. 남자는 울지 말아야 한다는 이야기를 듣고 자란 터라 그랬던 것 같습니다. 서러운 감정과 슬픈 감정을 누구에게도 말할 수 없었습니다. 그렇게 슬픈 감정은 저의 분노 밑에 자리 잡고 있었습니다.

어린 시절을 돌아보면 표정이 밝지 않았고 어쩐지 화난 듯한 얼굴이었습니다. 아버지도 없는 상황에 시집살이를 하면서 힘들어하는 어머니를 보며 화가 났고, 어머니를 무시하는 듯한 고모들의 발언에 또 화가 났습니다. 할머니의 편애를 보며 분노에 차 있었지요.

그래서인지 친구들과도 조그마한 갈등이 있거나 억울한 상황이 닥치면 참지 못했습니다. 가정과 교회에서는 무표정하게 지내는 청소년이었지만 학교나 친구들을 만날 때면 분노가 올라왔습니다. 성장하면서 분노를 표출하는 청년이 되었지요.

돌이켜보면 아버지는 항상 부재중이었습니다. 흔히 말하는 '부재형 아버지'였던 것입니다. 사우디, 일본, 미국을 거쳐 한국으로 귀국하신 후에도 아버지는 당신의 역할을 하지 않았습니다. 그때 아버지 모습을 보며 돈을 벌어다 주는 것 외에 아버지 역할에 의문이 있었고, 할 일을 하지 않는다는 것을 눈치챘던 것 같습니다.

제 역할을 하지 않는 아버지에게 화가 났습니다. 그 분노는 고스란히 친구들과 주변 사람들에게 나타났습니다. 제가 분노하는 마음을 깊이 들여다보면 슬퍼하고 있는 어린아이 모습이었습니다.

지금은 쉰을 넘기고 아버지로서 자녀를 키우는 입장이 되었습니다. 자녀를 양육하면서 깨달은 것은 아버지와의 관계가 자녀 관계에 중요한 영향을 미친다는 것입니다. 이러한 사실을 깨닫고 돌아가신 아버지를 재해석하기 위해 꾸준히 연구했습니다.

유년기에도 청년기에도 분노와 슬픔의 중심에는 항상 아버지가 있었습니다. 성장하면서 아버지에게 받아야 할 애정 욕구, 인정 욕구가 채워지지 못했던 것이지요. 일상에서 스스로 판단할 수 있는 모난 감정과 이해받지 못할 행동은 이 부분에 연결되어 있습니다. 그렇게 수년간 아버지를 재해석하는 데 시간을 보내고 다음과 같은 결론을 얻었습니다.

"아버지, 당신의 잘못이 아닙니다."

저희 집안이 6·25전쟁으로 어려웠던 시절을 앞서 말씀드린 적이 있습니다. 개성에서 신앙생활을 하던 가족 모두 피난을 올 수밖에 없었지요. 자녀 양육이 어려운 상황이라서 아버지는 고교 시절을 가족과 흩어진 채 선교사가 운영하는 학교에서 지내야 했습니다. 아버지는 할아버지 없이 청소년 시절과 청년기를 보냈습니다. 그리고 이 땅에서 먹고 살 것이 없어 외국에서 일을 찾아 돌아다니셨습니다. 그러니 아버지 노릇을 배웠을 리가 없던 것입니다.

돌아가신 아버지여서 해결할 수 없는 문제들이 있었습니다. 답답한 마음에 답장을 받을 수 없는 편지를 아버지에게 쓰고 우체통에 넣은 적이 있습니다. 반송된 편지를 아직도 가지고 있습니다.

이렇게 아버지를 재해석하는데 꽤 많은 시간을 들였습니다. 그러는 과정에 자녀에게, 특히 아들에게 아버지가 정말 필요하다는 것을 깨달았습니다. 이처럼 부재형 아버지를 둔 자녀들은 항상 무언가 채워지지 않은 감정의 웅덩이를 가지고 있습니다.

다행히 아버지를 재해석하면서 더 건강한 아버지가 될 수 있었습니다. 자녀의 성장에 관한 지혜도 얻었습니다. 이 글을 읽는 분들 중에 원가족과 해결되지 않은 감정이 남아있다면 자신과 자녀들을 위해 꼭 다시 해석하고 넘어가야 합니다. 그렇게 함으로써 부모로서 정체성을 확실히 할 수 있습니다.

31

아버지의 정체성

아버지는 자녀의 모든 행동 방식에
영향을 준다.
- 스테판 B. 폴터

어떤 아버지(어머니)입니까? 아버지(어머니)를 어떤 분으로 기억하고 있습니까? 아버지(어머니)를 어떤 분으로 기억하는지가 자신이 어떤 아버지(어머니)의 정체성을 가지게 되었는지와 연관성이 높습니다.

어느덧 아버지에 관한 기억이 희미해지고 있습니다. 11년 전 아버지가 갑자기 돌아가신 후에 아버지에 관한 기억이 조금씩 사라져 가는 것을 느낍니다. 그러면서 아버지의 영향으로부터 빠져나오고 스스로 독립된 남자가 되어 가고 있습니다.

초등학교 시절 오랜 부재 끝에 외국에서 돌아오신 아버지는 너무나 좋은 분이었지만 이해할 수 없는 부분을 가지고 있었습니다. 시부모님 밑에서 시집살이를 하던 순종적인 어머니의 모습만 보고 자란 제게 아버지의 자유로운 성향은 큰 충격이었습니다.

아버지 덕분에 먹고 싶은 것 마음대로 먹고, 하고 싶은 말을 자유롭게 할 수 있었지만 아버지가 돌아옴으로써 가족 문제가 생겼습니다. 술을 좋아하셨던 아버지는 친구들을 자주 집에 데려왔습니다. 그것이 반복되면서 가족과의 갈등이 시작되었지요.

아버지는 음주가 과한 날이면 어머니와의 갈등은 물론 친구들과의 관계에서도 시끌벅적한 다툼이 끊이지 않았습니다. 그뿐이 아니었습니다. 할아버지와 할머니, 그리고 친척들과도 관계에서도 문제가 있다는 것을 어린 제가 봐도 알 수 있었습니다. 그런 아버지가 이해되지 않았고, 결국 아버지 같은 사람이 되지 않겠다는 결심하게 되었습니다. 그중 한 가지가 술을 먹지 않겠다는 각오였습니다.

시간이 흘러 그 시절 아버지 나이가 되었습니다. 아버지처럼 술을 마신 적이 없었으나 그렇다고 해서 좋은 아버지가 되는 게 아니었습니다. 이를 알아차리는데 그리 오랜 시간이 걸리지 않았습니다. 술을 먹지 않았지만 이미 아버지를 닮아 있었습니다.

하나 둘 어려움이 닥칠 때마다 아버지 모습을 떠올려 보며 아버지란 존재를 생각합니다. 남자에게는 아버지 모습이, 여자에게는 어머니 모습이 자신의 정체성을 만들어 줍니다. 아버지의 모습은 몇 가지 유형으로 나누어 볼 수 있습니다. 유형화의 유익은 완전히 똑같지 않더라도 비슷한 유형을 살펴봄으로써 자신의 모습을 돌아볼 수 있습니다.

첫 번째는 독재자 유형입니다.

가정에서 자신에게 모든 가족이 순종하기를 바라는 유형이지요. 이 유형의 아버지들은 대개 정서적이건 물리적이건 폭력적인 면을 가지고 있습니다. "나는 신사야, 우리 아버지 같았으면 너희들은…."이라는 말을 입에 달고 삽니다.

독재자인 아버지는 가부장적인 아버지를 경험한 사람들입니다. 우리 사회에서 흔히 볼 수 있는 아버지 유형이었습니다. 6·25 세대는 전쟁 이후에 먹고 살 것이 없던 시절을 보냈고, 군대 문화에서 비롯된 뿌리 깊은 폭력 문화가 가정까지 들어왔던 세대였습니다.

가정 내 다툼에서 아버지들은 항상 가해자의 역할이었습니다. 폭군처럼 행동하는 아버지를 가정에서 어느 누구도 이해할 수 없었지요. 이런 분들은 시간이 지나고 나이가 들면 외롭게 말년을 보냅니다. 폭력적인 아버지를 이해할 수 없기 때문에 자녀까지 멀어져 버리기 일쑤입니다.

우리 사회는 팬데믹으로 심각한 어려움을 경험했습니다. 그중에서도 부모와 자녀가 가정에서 함께 오랜 시간을 보낼 수밖에 없는 상황은 예상치 못한 어려움에 놓이게 했지요. 서로 바빠 마주치는 일이 적었을 때는 괜찮았지만 긴 시간을 같이 지내면서 가정 내 폭력이 증가했습니다. 부모가 폭력적일 때 자녀들의 정서 깊숙한 곳에 상처가 뿌리내리게 되어 있습니다.

특히 어머니에게 폭력적인 아버지가 있는 가정의 자녀들은 '엄마의 눈'을 갖게 됩니다. 엄마 눈이 멍들었다면 자녀들 마음의 눈에도 멍이 들어있을 가능성이 높습니다. 피해자인 엄마의 눈으로 아버지를 해석하게 되고 끝내 이해할 수 없는 존재가 되어 버리는 것이지요. 특히 남자아이들은 이렇게 멍든 어머니 눈이 아닌 자신의 눈으로 아버지를 바라볼 수 있을 때 남자로서 독립적인 성장을 경험합니다.

주변에 부모로부터 독립한 20대 후반의 청년들이 많습니다. 청년들의 멘토가 될 때 가장 중요하게 생각하는 부분이 부모로부터 독립하는 것입니다. 정서적·물리적 분리가 성장의 지름길이기 때문입니다. 청년기에 부모와 한집에 살게 되면 계속 어려움을 겪게 됩니다. 특히 부모의 세대의 문제를 객관적으로 바라볼 수 있는 기회를 잃게 되지요.

청년들은 독립하면서부터 아버지와의 관계가 좋아졌다고 말합니다. 그동안 가정에서 자녀의 입장으로 바라보고 어머니 말을 통해서 듣던 아버지 모습과 독립해서 다시 보게 된 아버지 모습이 달랐다는 것입니다. 그때야 비로소 이해가 되는 부분이 있었다고 합니다.

남자들이 군대에 가면 아버지와 가까워지는 이유가 여기에 있습니다. 물론 폭력적인 행동을 일삼는 아버지(남성) 모습을 우리 사회는 더 이상 받아들이지 않습니다. 그럼에도 아버지 세대가 그렇게 될 수밖에 없었던 상황을 자녀들에게 설명해 주는 것은 매우 중요한 발전입니다.

두 번째 유형은 부재형 아버지입니다.

부재형 아버지는 크게 두 가지로 나누는데, 물리적 부재형과 정서적 부재형입니다. 물리적 부재형은 죽음과 이혼, 그리고 사회적 역할 등으로 자녀들이 볼 수 없는 아버지를 의미합니다. 정서적 부재형은 집에 계셔서 자주 볼 수 있지만 역할이 없는 아버지입니다. 퇴근하고 집에 오면 아무것도 하지 않는 아버지이지요.

두 가지 유형 모두 자녀들에게 영향을 미치지만 정서적 부재형 아버지가 더 큰 영향을 준다고 판단됩니다. 물리적으로 가정에 아버지가 없었다면 자신이 아버지가 되었을 때 사회적 모델이 되었든 스스로 찾은 모양이든 아버지의 역할을 찾고자 할 것입니다. 그러나 정서적 부재형인 아버지를 둔 사람들은 아버지의 역할이 '집에서 신문만 보는 사람'으로 굳어질 가능성이 높고 그런 아버지의 모델을 따라갈 것입니다.

아버지가 보여주었던 나쁜 습관 한두 가지를 안 한다고 해서 좋은 아버지가 될 수 없는 일입니다. 특히 부재형 아버지를 둔 가정에서는 시간이 지나면 어머니가 자녀들에게 폭력적이 됩니다. 가정에서 자녀들의 문제를 포함하여 아무것도 하지 않는 남편에 대한 분노가 자녀들에게 전달된 것입니다.

우리 사회의 남성들에게 가장 큰 문제는 아버지를 보지 못하고 자라난 아들이 성인이 된 후에 나타나는 일입니다. 성숙한 아버지의 역할이 아닌 그저 돈 벌어오는 정도로만 인식되었던 사회에서 어떻게 좋은 아버지를 찾을 수 있겠습니까? 지금이라도 건강한 아버지의 모델을 만들어야 합니다. 직장에서는 유능하지만 가정에서 아무것도 할 수 없는 아버지라면 자녀 교육에 문제를 만들어 낼 수밖에 없습니다.

아동기에 만나 지금까지 교류를 하며 지내는 청년이 있습니다. 그는 순하고 말이 없는 편입니다. 부모는 나름 공무원으로 성공하여 사회적 자리를 잡은 분들입니다. 특히 아버지는 너무 바빠 자녀들과 함께한 시간이 많지 않습니다. 어머니도 바쁘기는 마찬가지였고 그래서 선택한 것이 자녀를 외국으로 유학 보내는 것이었습니다.

외국으로 유학을 떠난 청년은 아버지에게 무척 화가 났습니다. 자신을 외국에 버렸다는 생각까지 하게 되었지요. 그가 아버지에게 할 수 있는 화난 감정의 표현은 아버지가 원하는 것을 하지 않는 것이었습니다. 부모가 원하는 공부를 하지 않았고, 무언가 강요하는 것은 아무것도 하지 않는 '수동공격형' 성격을 갖게 되었습니다.

수동공격형 성격을 가진 사람은 자신의 감정을 드러내지 않습니다. 다만 무언가를 하지 않는 것으로 자신의 공격성을 우회적으로 표현합니다. 이런 사람들은 권위 있다고 생각하는 사람들을 만날 때 자신의 아버지를 투사합니다. 권위 있는 사람에게 불만이 생길 때 '인사 안 하기'와 같은 간단한 행동으로 우회적인 감정 표현을 하지요. 그러고는 스스로 복수를 했다고 통쾌해합니다. 또한 해야 할 일을 하지 않는 방식으로 자신을 나타냅니다. 이렇게 수동공격형인 사람들은 부모의 부재와 폭력성으로부터 만들어집니다.

부모와의 관계에서는 "좋아하면 닮고, 미워하면 똑같아진다"라는 말이 있습니다. 당신의 부모님은 어떤 분이셨나요? 그리고 지금 여러분은 어떤 아버지(어머니)로 살고 계신가요?

세 번째 유형은 가부장형 아버지입니다.

이 유형은 우리 사회의 전통적인 아버지 상입니다. 정수복 선생은 저서 『한국인의 문화적 문법』에서 우리 사회의 삶의 문화적 문법이 '유교적 가부장제'라고 주장했습니다. 가부장 제도를 특징하는 몇 가지 삶의 문법이 있습니다. 가부장으로 자신의 역할이 고정된 남자 또는 아버지는 책임감이 매우 높습니다. 이들은 가정에서 일어나는 모든 문제를 자신이 책임지려고 하기 때문에 배우자나 자녀에게 어떤 문제가 있는 것을 자신의 잘못 또는 수치로 생각합니다.

청소년 자녀에게 문제가 있어 상담을 하러 오면 어머니와 아이가 상담실에 들어오고 아버지는 밖에서 기다리는 경우가 많습니다. 함께 온다 해도 꿀 먹은 벙어리로 앉아 있습니다. 가부장형 아버지들은 자신의 가정 문제가 밖으로 드러났다는 것 자체로도 수치심을 느끼고 있기 때문입니다. 모든 것은 자신의 책임이라는 것이 뼛속까지 각인되어 있는 아버지들이지요.

이런 분은 자녀와 정서적인 분리가 되지 않았기 때문에 자녀의 성공과 실패를 자신의 것으로 착각합니다. 자녀가 성공하면 자신의 성공으로 기뻐하고, 자녀에게 문제가 생기면 심한 자책감을 느낍니다.

이런 유형의 아버지는 자녀들에게 부담스러운 어른입니다.

남성들뿐만 아니라 우리 사회를 움직이는 전반적인 문법이 가부장 제도에 기인합니다. 자녀의 성공과 실패는 곧 부모의 것이기 때문에 매우 예민하게 반응하는 분이 많지요. 이러한 유교 문화적인 소통 방식이 가정에서의 대화를 막아 버리고 서로에게 부정적인 상호 작용을 하게 하는 이유가 됩니다.

네 번째는 코칭형 아버지입니다.

세상에서 가장 먼 거리는 머리(이성)에서 가슴(가성)까지라고 합니다. 물리적으로는 약 30cm정도 밖에 안 되는 거리지만 머리에서 가슴으로 내려오는 훈련이 가장 어렵습니다. 코칭형 부모가 된다는 것은 머리가 아닌 가슴으로 자녀를 양육하는 것입니다. 기성세대는 이런 아버지를 경험하지 못했을 확률이 높기 때문에 부단한 노력이 필요합니다. 코칭형 아버지가 되려면 몇 가지 특징을 기억해야 합니다.

첫째, 사실과 판단을 분리해야 합니다. 무엇이 사실인지를 알기 위해 변하지 않는 것, 명백한 것, 숫자로 표현된 것들만을 확인해야 합니다. 사실이란 누군가의 판단이나 감정이 실리는 것이 아니기 때문에 그것 자체로는 누구에게도 상처를 주지 않습니다. 축구 경기를 볼 때 해설자의 설명은 사람에 따라 달라질 수 있지만 스코어는 변하지 않습니다. 변하지 않는 것에 주목하는 것이 중요합니다.

예를 들어 오늘 아침에 늦게 일어난 아이가 있다고 가정해 보겠습니다. 부모는 아이에게 "너는 왜 매번 그렇게 늦게 일어나니?", "어제도 게임을 하느라 밤늦게까지 깨어 있었지?"라고 말할 수 있습니다. 그러나 이렇게 말하는 것은 모두 판단을 한 것입니다.

판단은 과거의 경험을 통해서 현재를 해석하거나, 자신의 과학적 또는 논리적 지식으로 무언가를 설명하는 행위입니다. 그렇게 따지면 우리는 항상 판단합니다. 그러한 판단을 멈추고 사실만 말하는 훈련이 필요합니다.

"늦게 일어났구나, 서둘러라." 이렇게 말하는 것이 사실만을 진술하는 방식입니다. 대화를 사실의 수준에서 시작해야 합니다. 진실은 자기 자신만 알 수 있기 때문입니다. 서둘러 판단하는 것은 그것이 옳건 그르건 듣는 입장에서는 썩 기분 좋은 일이 아닙니다.

둘째, 판단을 멈추고 대화해야 합니다. 우리는 누군가를 만날 때 이미 자신의 신념 체계가 작동하기 시작합니다. 신념 체계란 과거 경험을 통해서 만들어진 자신만의 세상을 보는 렌즈입니다. 이러한 신념 체계를 가지고 자녀를 판단하기 시작하지요.

코칭형 부모가 되려면 자신의 신념 체계를 잠시 내려놓아야 합니다. 판단을 멈춘다는 것은 있는 그대로를 받아들이는 것입니다. 판단이 멈추어야 비로소 보이는 것들이 있습니다. 있는 그대로를 받아들이기 위해서 현재 나타나는 것들을 보고, 듣고, 느끼는 것이 중요합니다.

판단은 과거의 경험에 의해서 현재 벌어지고 있는 사건이 미래에 어떻게 될 것이라는 생각의 흐름입니다. 물론 이런 판단이 옳을 수도 있지만 유익하지는 않습니다. 심리학자 로버트 로젠탈(Robert Rosenthal)이 주장한 '비폭력 대화'의 핵심은 판단을 멈추고 상대방의 말을 듣는 방식을 의미합니다.

그렇다면 폭력적인 대화는 무엇일까요? 끊임없이 상대방을 판단하고, 평가하고, 심지어는 결론까지 예측해 버리는 대화입니다. 우리는 자녀와의 대화에서 얼마나 많이 이러한 폭력적인 대화를 하고 있는지 점검해야 합니다.

예를 들어 "너 어려서 게임을 하면 전두엽에 손상을 입게 되어 있어.", "잠을 늦게 자면 성장 호르몬의 저하로 성장이 멈춘다. 나중에 키 작은 거 원망하지 말아라."라는 식으로 자신이 가지고 있는 모든 지식을 동원해서 자녀의 행동을 설명합니다. 자녀의 마음을 판단하고 자신의 지식으로 결론을 내버리는 방식입니다. 그러나 그것만으로 자녀의 마음을 돌릴 수 없습니다. 조금 더 이면에 숨겨져 있는 것을 찾아내고 칭찬하고 격려해야 합니다.

셋째, 감정은 공감하고 받아들여야 합니다. 감정은 우리의 인지 작동 면에서 보면 이성의 기능이 아닙니다. 감정은 옳고 그른 것이 없기 때문에 수용해 주어야 합니다. 만일 '분노'라는 감정을 나쁜 것으로 정의하고 숨기도록 자녀들을 자극한다면 분노의 감정뿐만 아니라 다른 건강한 감정들까지 작동이 멈추어 버립니다. 그렇게 되면 아이들이 감정을 표현하는데 어려움을 겪게 되지요.

이런 식으로 부정적인 감정을 표출하지 못하게 한 가정이나 공동체의 아이들은 전반적으로 자신의 감정이 드러나지 않은 무미건조한 얼굴을 하고 있습니다. 부모는 대화의 이면에 있는 감정을 읽으려는 노력을 해야 합니다.

직접 감정을 물어볼 수도 있지만 성인이 아닌 자녀들에게는 직접 물어보는 것보다 함께 감정의 이름을 하나씩 붙여 가는 것이 유익하고, 그 감정을 받아주는 것이 중요합니다.

감정을 공감해 주는 간단한 방식이 있습니다. 감정이 나오는 단어를 반복해 주는 것입니다. "그래서 내가 짜증이 났어요"라고 하는 자녀에게 "그래. 짜증이 났구나"라고 말할 수 있다면 일차적인 감정을 읽는 훈련이 된 부모입니다. 아니면 "~했겠구나?"라고 부모가 감정의 이름을 붙여 줄 수도 있습니다. 자녀가 사용한 단어를 반복하는 것이 좋지만 아직 감정의 이름을 모를 경우 부모가 이름을 찾아 주는 것도 좋은 방법입니다.

자녀의 감정뿐만 아니라 부모나 자신의 감정도 잘 이해하는 것이 필요합니다. 지금 자신의 감정 온도, 감정 색깔, 감정 소리, 감정을 느끼는 신체의 부분 등 감정에 대한 정보를 자세히 읽는 것이 중요합니다. 이성에서 감성으로 옮겨올 때 더 많은 대화를 할 수 있고, 자신의 존재와 가장 가까운 소통이 가능하게 합니다. 비폭력 대화를 멈추고 감정을 이야기함으로써 대화 상대에게 편안하게 다가설 수 있도록 만드는 것입니다.

넷째, 정말로 원하는 것을 찾아내야 합니다. 감정 너머에는 반드시 자녀가 원하는 욕구가 있습니다. 감정 너머 깊은 욕구를 찾아낼 수 있다면 대화 상대의 존재를 알 수 있게 됩니다.

대화를 통해 자녀가 계속해서 자신의 존재를 찾아보고, 그려보고, 기억하게 하는 방식은 내면의 힘을 갖게 합니다. 자신이 누구인가를 찾는 것은 내면 깊이 존재하는 욕구를 찾는 것에서 시작됩니다.

예를 들어 대화 속에서 "그래서 그렇게 느끼는 너는 어떤 사람이라고 생각해?"라고 물을 수 있습니다. 이러한 질문이 너무나 고차원적이고 어렵다고 할 수 있지만 자녀와 부모 자신에게도 반복적으로 해야 하는 질문입니다.

척추형 부모 & 심장형 부모

고민은 어떤 일을 시작했기 때문에 생기기보다
할까 말까 망설이는 데서 주로 비롯된다.
- 버틀런트 러셀

사람이 생명을 유지하기 위해서 꼭 필요한 부분이 있습니다. 인체의 다른 부분은 잃더라도 생명을 유지할 수는 있습니다. 그러나 뇌를 제외하고 우리의 생명을 유지하는 핵심적이고 상징적인 두 기관이 있습니다. 하나는 심장이고 하나는 척추입니다.

심장은 온몸에 피가 돌게 합니다. 심장은 상징적으로 따뜻하고, 부드러운 기관입니다. 만일 심장이 기능을 못하게 되면 몸이 차가워질 수밖에 없습니다. 그와 반대로 척추는 몸을 꼿꼿이 서게 하는 역할을 합니다. 사람으로서 자신의 자세를 유지하게 하고 모든 기관들이 제자리에 있게 하는 역할을 하지요.

심장과 척추를 은유적으로 본다면 사람의 성장에 있어 가장 중요한 심장의 역할과 척추의 역할을 추정할 수 있습니다.

자녀를 키우다 보면 부모로서 자신이 옳다고 생각하는 모습을 보여주기 마련입니다. 과거 우리 사회에서 필요로 했던 부모상은 척추가 강한 사람들이었습니다. 과거 어려웠던 시기에는 대부분의 부모가 척추형으로 살아가기를 강요받았습니다.

척추형 부모는 책임감이 강하고, 버텨 낼 수 있는 불굴의 의지가 있으며, 절대로 남들 앞에서 울지 않고, 무섭다고 말하지 않았습니다. 그들은 감정의 표현이 적지만 책임감이 있는 부모들이었습니다. 전후 세대의 부모님들의 모습입니다.

이분들이 한국 사회의 산업화를 만들어 내고, 민주화를 이루어 내고, 근대화된 나라를 만들어 낸 분들입니다. 척추형 인재로 살았던 부모 세대는 공장의 근로자로, 군인으로, 대기업의 사원으로, 공무원으로 자신들의 삶을 희생했던 모델입니다.

그러나 척추형 부모들은 경직성 때문에 가족과도 스스로도 어려움을 겪었습니다. 가정에서도 대화를 하지 못하고, 직장을 은퇴하고 나면 함께할 친구가 없는 경우가 많았습니다. 특히 남성들이 더 많이 척추형 부모의 모습으로 살았습니다. 이들은 20세기적 부모들이었습니다.

반대로 심장형 부모들은 부드러운 사람들입니다. 자상하고, 따뜻하고, 다른 사람의 말에 귀를 기울일 줄 아는 현대적인 도시형 부모들

부드러운 심장이 중요하지만 꼿꼿함을 유지할 수 있는 척추도 필요합니다.
둘 중에 하나가 없다면 생명이 위협 받듯이
정서적으로도 척추와 심장은 균형을 이루어야 합니다.

입니다. 이들은 누구에게나 자상하게 말을 건넬 수 있고, 다른 이들에게도 따뜻한 미소로 답할 수 있는 사람들입니다. 대학에서는 90년대 이후 조금씩 이런 부모 세대가 등장하다 지금은 대세가 되었습니다. 우리 사회는 이렇게 가슴이 따뜻한 어른들이 환영받습니다.

그러나 이들에게도 약점은 있습니다. 흔히들 이야기하는 야망, 비전이 사라졌습니다. 버텨 낸다거나, 이겨 낸다는 표현에 어울리지 않습니다. 이들은 바쁜 부모 세대로부터 성장한 사람들입니다. 이들 역시 가정에서, 사회에서 어려움을 겪기는 마찬가지입니다.

그렇다면 당신은 어떤 부모가 되기를 원하십니까? 답은 균형입니다. 자녀를 키울 때 균형을 이루어야 합니다. 부모는 부드럽지만 꼿꼿하고 분명한 모습이 있어야 합니다. 부드러운 심장이 중요하지만 꼿꼿함을 유지할 수 있는 척추도 필요합니다. 둘 중에 하나가 없다면 생명이 위협 받듯이 정서적으로도 척추와 심장은 균형을 이루어야 합니다. 이 부분은 부모로 사는 모두에게 필요한 것입니다.

과거의 사회처럼 마냥 척추형으로 살면 되는 시대는 끝났습니다. 심장과 척추가 함께 균형을 이루어야 합니다. 현재 우리 사회를 볼 때 이 부분이 간과되어 있다고 생각합니다. 가정에서 자녀들이 원하는 부모의 모습은 균형입니다. 어떻게 균형을 이루어 강직하지만 따뜻하고, 부드럽지만 자신의 주장이 있는 부모가 되시겠습니까?

이런 관점에서 볼 때 자녀 교육에 있어서도 조금은 다른 접근이 필요합니다. 특히 사춘기가 된 자녀들을 다루는 문제에 있어 부모로서 정확한 경계가 있지만 따뜻한 모습이 중요합니다. 이 부분에 있어서 어머니의 역할과 아버지의 역할이 상호 보완되어야 합니다. 아버지가 척추가 더 강하다면 어머니는 심장으로 보충해야 합니다. 그 반대도 마찬가지입니다. 사춘기가 된 남자아이에게는 아버지의 역할이 중요해지고, 여자아이들에게는 어머니의 역할이 더 중요해집니다. 성장을 위한 균형적인 부모의 역할이 요구됩니다.

에필로그

성장 원리를 말해 주는 나침반

서양 사람들은 이름을 작명(만들기)하지 않고 택명(선택)을 합니다. 그래서 서양 사람들의 이름은 몇 가지 원형이 있고 많은 변형된 형태를 가집니다. 그것도 아니면 예전 사람들의 이름을 따서 그대로 사용하기도 합니다.

그러나 우리는 이름을 지을 때 부모의 소망을 담아서 짓고는 하지요. 이름 두 자에 소망과 비전을 담아내는 것이 우리네 방식입니다. 동양식 작명이 서양식 택명보다 훨씬 좋은 방법이라는 생각합니다.

이름은 그 사람이 누구인지 기억하기 위해 부모가 소망을 담아 지어 줍니다. 마치 DNA 유전자 정보처럼 사람들의 이름 속에는 많은 것이 담겨 있습니다. 부모들은 자녀들이 스스로 누구인가를 기억하며 살아가길 바랍니다.

기억(Re-member)할 때 우리는 다시(re) 함께(member)할 수 있습니다. 분명한 자신의 정체성을 기억할 때 서로 다른 존재들이 상대를 존중하고 경청함으로 평화로운 세상을 만들기를 기도합니다. 그러기 위해서는 자녀들이 충분히 사랑받고, 존중받으며 성장할 수 있는 기억을 만들어 주어야 합니다. 어린 시절 이러한 경험이 자신의 정체성을 만들고 건강한 성인으로 성장할 수 있도록 합니다.

'건강한 성장을 위해 부모가 할 수 있는 일이 무엇일까?'라는 질문에서 이 책을 써 내려왔습니다. 가장 먼저는 이 글을 읽는 부모를 위로하고 이해하고자 했습니다. 우리도 부모가 처음이기 때문에 부모 노릇은 어렵습니다. 그런 분들에게 위로를 건넬 수 있는 힘을 드리고자 했습니다. 부모로서 자녀에 대한 건강한 모델로 자녀와 함께 성장하기를 기대합니다.

이 책에서 가장 중요한 부분은 무엇이 옳은가 보다 무엇이 자녀의 성장에 유익한가라는 관점입니다. 아이들의 성장은 자연스러운 것이고, 부모에게는 기쁨입니다. 그렇기 때문에 성장을 위해서 알아야 하는 지식과 환경 그리고 부모가 할 수 있는 일에 관한 필자 경험과 지혜를 나누었습니다. 이러한 이야기가 성장 원리를 이해하고, 자녀들의 성장에 유익한 것을 제공하기를 바랍니다.

팬데믹으로 어수선했던 시기에 이 책을 집필했습니다. 급변하는 환경 속에서 길을 알 수 없는 시간이었고, 삶의 길이라고 생각했던 것들이 무너지는 시기였습니다. 지도(map)가 필요 없는 시기가 되어 버렸습니다.

이제 성장 원리를 말해 주는 나침반을 손에 들고 한걸음씩 새로운 세상을 걸어갈 수밖에 없습니다. 필자와 같은 작은 이야기들이 나비의 날갯짓으로 모여 어느 날 큰 폭풍이 만들어지기를 기도합니다.

용인 보라동에서 마상욱